创业 就业
职业技能培训丛书

小创业 大智慧

35个创业“金点子”成就你的老板梦

王国军 郑光春 著

财富点金，
一本书读懂创业投资技巧

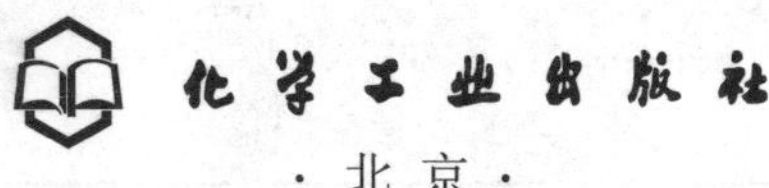

·北京·

就业难、挣钱少是当前许多年轻人面临的困境，于是有些人就想自己创业做老板、挣大钱，在竞争激烈的社会中博得一席之地，但又碍于种种原因，无法成功创业，其中寻项目和找资金是两大难题。本书通过35个创业“金点子”，将为您解决创业路上的各种障碍提供思路。

本书内容都是作者在第一现场采访到的鲜活人物和事件，有成功创业的案例，也有对创业过程中遇到的困难能提供解决方案的事例。这些内容全方位地展示了人们在创业过程中将面对的现实问题及其解决办法，将为您创业、办公司提供指导和帮助，为促进企业发展壮大、提升企业业绩进行针对性的管理。全书共七篇，分为35个小节，每节后面都附有“财富点拨”或“财富话语”的“点金”指导。

本书的行文流畅、轻松、活泼，故事生动有趣，读者在轻松愉快地阅读本书的同时，还可以学习创业“金点子”。本书既可作为创业教育的培训用书或参考书，也可供有志于自己创业的毕业生、职场人士阅读。

图书在版编目（CIP）数据

小创业　大智慧：35个创业“金点子”成就你的老板梦/王国军，郑光春著. —北京：化学工业出版社，2019.2

（创业就业职业技能培训丛书）

ISBN 978-7-122-33564-7

Ⅰ.①小…　Ⅱ.①王…②郑…　Ⅲ.①创业-技术培训-教材
Ⅳ.①F241.4

中国版本图书馆CIP数据核字（2018）第303165号

责任编辑：王听讲　　　装帧设计：王晓宇
责任校对：张雨彤

出版发行：化学工业出版社（北京市东城区青年湖南街13号　邮政编码100011）
印　　装：天津画中画印刷有限公司
710mm×1000mm　1/16　印张14　字数187千字　　2019年4月北京第1版第1次印刷

购书咨询：010-64518888　　　售后服务：010-64518899
网　　址：http://www.cip.com.cn
凡购买本书，如有缺损质量问题，本社销售中心负责调换。

定　价：49.00元

在当今社会，就业难是普遍存在的问题，很多大学毕业生走向人才市场去找工作。可是，五花八门的就业岗位，虽然能解决大部分求职者的就业问题，但相比之下，“求大于供”是难以回避的现实，结果仍然有不少求职者找不到理想的工作。在这些人中，除了大学毕业生，还有企业下岗人员，以及一部分退伍军人和社会上的其他求职人员。于是，自己创业当老板就成了许多人的梦想。

对于缺乏创业经验的人来说，在创业过程中必将面对许多现实问题，“创业难”是创业新手们的共同难题。为了给初创公司和创业者提供指导和帮助，促进企业发展壮大、提升企业业绩，我们通过广泛的调查研究和资料收集，认真撰写了本书。在本书编写过程中，我们走访了不少创业的成功人士，这些人当初也有过诸如求职选择迷惘、初创公司困难重重等问题。他们之所以能有今天的成功，是因为他们本身具备丰富的知识技术、富有智慧和吃苦耐劳精神，除此之外，还有一个更重要的原因是：“当初找到了适合自己做的好项目，也叫‘金点子’，由于有了这些适合自己创业的‘金点子’，越做越有信心，所以就成功了。”

在我们的身边，几乎每天都能耳闻目睹人们谈论财富的话题——“最近在哪儿发财呀？”“做什么事发的财呀？”“祝你财运亨通！”等等。人们关心财富，就是关心生活，因为日常生活中的吃住行样样都离不开财富。所以，人们对如何才能拥有财富就格外关注，想获得财富也成为人们追求的目标。

《小创业　大智慧——35个创业“金点子”成就你的老板梦》探究了每个创业成功者背后的“金点子”，相信读者在阅读完35个创业案例故事后，一定会受到很大的启发。“金点子”就在你身边，关键看你能不能够去发现、去把握、去实施。只有那些善于发现和利用“金点子”的人，才能把“金点子”变成现实，也才能从“金点子”里掘得第一桶金，并且像滚雪球似的越做越大，成为实现财富自由的成功者。

如何获得“取之有道”的财富？阅读完《小创业　大智慧——35个创业“金点子”成就你的老板梦》，你将会有这样的感受：原来财富的获得并不是遥不可及的！书中将告诉你：“出租时间”也能月入三万元，“情趣农庄”如何打开财富之门，“爱情培训公司”如何带来滚滚财富，“卖吉祥”也能发财，还有“自拍照相馆”这一新颖的创富项目，等等。似乎遍地都是黄金，就等着你去挖掘。其实，在看似不起眼的小事中也有致富的商机，财富随处都是，财富就隐藏在你的身边，就看你能不能慧眼识“珠”。

例如，在《租个小岛建蛋屋，赚足城里人的钱》案例中，女主人公抓住了城里人所向往的美好生活，在小岛上建了不少座“蛋屋”，她打出“放飞心灵，绿色低碳”的口号，赢得了众多的城里顾客前来消费，从而赚到了财富。又如，在《自拍照相馆：我的美丽我做主》案例中，主人公抓住人们的好奇心理，创办了一家自拍照相馆来满足顾客自由拍摄的兴趣，同样给经营者带来了可观的经济收入。纵览全书，读者可以随处阅读到致富成功人士的足迹，从中得到很大的启发。

本书中的35个“金点子”案例故事完全来自采访第一线，零距离贴近读者，既有故事性，又有指导性，还有趣味性。这种贴近现实的编写方式符合当今读者的阅读需求，相信会给读者带来不一样的阅读体验。

本书可为新手创办公司或企业并进行有效管理提供指导和帮助，可供有志于自己创业的毕业生和职场人士阅读。

著者

2019年3月

目录

CONTENTS

第一篇　创新服务

第二篇　大胆创意

第三篇　电子商务

第四篇　商机无限

第五篇　奇思妙招

第六篇 财富人生

第七篇 生财有道

第一篇　创新服务

一、“黑暗餐厅”带来了阳光财富

财富话语

舞厅、咖啡厅、KTV等传统休闲娱乐场所，已经很难引起有些年轻人的兴趣。人们需要一个充满刺激和想象、更有情趣、更有创意的约会和聚会场所；人们需要一个更安静、更自然的社交和交友环境，进行真正的心灵沟通和精神交流；黑暗餐厅就用其独特的创意餐饮理念满足了上述一些人的需求，给他们的生活带来了新的乐趣。

1.黑暗空间里有商机

“想知道在黑暗中怎样把食物放进嘴里吗？试试就知道了，哈哈……很好玩哦！”一位刚从黑暗餐厅出来的女孩脸上挂着很满足的笑容，可见她还沉浸在刚才黑暗就餐的乐趣中。试想一下，就餐者在伸手不见五指的黑暗中，被屏蔽了视觉，他们在进食中就更多地专注于触觉、嗅觉、味觉和听觉的感受，那是一种多么有趣的全新体验啊！

为了吸引食客，这家倡导“黑暗文化”的餐厅有许多有趣的地方。一进门，客人先要交出身上所有可以发光的物体，然后由佩戴夜视镜的服务生带领着穿过黑暗走廊，进入餐区就餐。“在黑暗中，大家可以很随意，即使很难看的坐姿、很难看的吃相、很奇怪的表情，跟你一起的人也完全看不见。”一群年轻人饶有兴致地描述着：“在无尽的黑暗中，没有一丝光亮，吃什么已经没那么重要了，嘻嘻哈哈地想办法把食物送到嘴里才是乐趣所在。刚才我还不小心吃到了朋友盘子里的菜”。

秦运民是这家“黑暗餐厅”的老板，由于黑暗餐厅需要的盲人服务员，他一时找不到，便只能招聘视力正常的服务员来工作，他让他们佩戴一种可以把光源放大1500倍的夜视仪，这样，他们就可以在黑暗中看清周围的一切。

每当有顾客光临，总台都会要求他们把身上一切发光的东西收好，以免光线刺伤服务员的眼睛。进入餐厅之前，领路的服务员会让顾客将双手搭在自己的肩头上，后面的人一个跟着一个进来，大家像一列火车一样排列着走到餐桌前，然后，服务员帮顾客系上围裙，指引他们找到自己的凳子、筷子和勺子等。顾客唯一能看到的光源就是服务员佩戴的夜视仪上的一个红点，只要喊一声，这些红点就会飘过来。

在黑暗中吃东西虽然很刺激，但也特别费力，顾客常常找不到筷子和勺子。秦运民索性给他们准备了一次性塑料手套，让他们用手抓着吃。这样的吃法让许多顾客直呼过瘾。

刚开始，由于想看到餐厅的真实面貌，顾客都带着强烈的好奇心蜂拥而至，但体验过一两次后，他们就失去了新鲜感。用什么吸引回头客呢？秦运民决定以菜品取胜。他让厨师烹制一些特别的菜品，取名“猜猜看”，也就是让顾客猜测菜品的制作材料，猜对有奖。越是看不见，顾客越是好奇，连摸带猜地吃东西，还为进餐增添了不少乐趣，他们常常一边吃一边捧腹大笑。这些层出不穷的点子，让餐厅的生意蒸蒸日上，但“黑暗餐厅”的功能也不仅仅在于吃饭。

2. 黑暗餐厅处处有“创意”

有一天，一男一女两名顾客从黑暗餐厅出来以后，径直走到秦运民的面前，连声道谢：“谢谢您的黑暗餐厅挽救了我们的婚姻！”原来，他们是一对夫妻，本打算在黑暗餐厅吃完“散伙饭”后就去办理离婚手续。然而，餐厅里的黑暗环境让他们的心放了下来，互相坦诚地交流起来。双方通过推心置腹的交谈之后，他们发现都还深爱着对方，这婚离不得，所以，饭一吃完，就向餐厅老板表示感谢。

这件事，让秦运民豁然开朗，开始感到黑暗餐厅还有更多的需求。他想，有些顾客可以在餐厅里感受新奇体验，还有些顾客可以在餐厅里敞开心扉交流，这说明了顾客有不同的需求，既然如此，餐厅为什么不能提供更多的个性化服务呢？想到这里，他给黑暗餐厅拟定了一个宣传主题——没有距离的世界，并据此开拓了“黑暗求婚”“黑暗聚会”等一系列用餐新项目，大受顾客的欢迎。

随着经营项目的扩大，秦运民感觉到，黑暗餐厅独特的商业模式并不单一。首先在定位上，餐厅既提供充满乐趣和创意的约会及聚会环境，又提供真诚自然的社交及交友服务。完全黑暗的就餐环境加上各种主题的派对活动，独创了“创意社交”的餐厅理念，满足了顾客对体验式餐厅的需求。

为了让黑暗餐厅更加独树一帜，秦运民仍在不断挖掘新的创意。一天，他和女朋友看了一部美国电影，剧中男女主角相拥着制作陶艺的浪漫场景让他眼前一亮：何不在餐厅也设置这样的陶艺制作坊，让顾客DIY自己喜欢的工艺品？很快，黑暗餐厅推出了“黑暗陶艺”项目，获得了巨大成功。此后，他又相继推出了“都市黑暗沙龙”“黑暗话剧”等体验项目，这些项目很快都成为了许多年轻人的最爱。

提及黑暗餐厅的“创意”，秦运民笑着说：“我们的‘创意社交’有个口号叫‘闭上眼睛，打开心灵’，其中一类活动就是餐厅交友。不认识的人通过黑暗交流的方式，通过辨析对方的声音，身

上的气味，虽然没有眼神的交流，但可以真正感到心灵的交流，我们的餐厅就提供这样一种真真切切的身心交流平台。”

秦运民还讲了一个真实感人的爱情故事。在他的餐厅里，一位咖啡师喜欢上了一个常来喝咖啡的女孩，但是他不敢将心意表露出来，只能每次别具匠心地给她调制咖啡。有一天，他试着在她的咖啡里放入了一点高级白酒，女孩尝了一口带有酒味的咖啡，感觉非常好，问咖啡师：“这里面放了什么？”咖啡师想了想告诉她：里面放了天使的泪水。女孩爱上了加有“天使的泪水”的咖啡味道，每一次来，她点咖啡时，咖啡师都会问她：“要不要加眼泪？”她都会点头，咖啡师便用自己对女孩全部的爱调制咖啡，努力做到尽善尽美。咖啡师暗下决心，只要这个女孩喝过100杯“天使的泪水”的咖啡后，就告诉她他爱她，不管出现什么样的结果。但是，他只为她调制了73杯咖啡，便检查出患上肺癌，并且已经到了晚期。他在女孩平时来喝咖啡的时间里，又回到咖啡店，他希望能为他心爱的女人再亲手调制一杯咖啡。这天，女孩果然来了，他像平时一样微笑着问她：“要不要加眼泪？”她依然点头。在他用火焰焙融白酒和方糖时，他的眼泪掉了下来，和白酒融为一体。他害怕自己的病会传染给女孩，便突发奇想，将杯子里的白酒点燃，将一杯带火焰的酒倒进了咖啡杯里。女孩看着燃烧的咖啡杯，开心地笑了，她说她从来没有喝过这么好喝的天使的泪水，没有看过这么漂亮带火焰的咖啡。女孩再来的时候，咖啡师已经因病过世了。她在等他，希望他像平时一样微笑着走近她，轻轻地问她：“要不要加眼泪？”可是她等来的却是咖啡店的老板，老板告诉了她咖啡师的心事，还有他最后的遗憾——他没有能为她调制100杯“天使的泪水”，没有来得及向她说他爱她。女孩默默地流着泪离开了咖啡店。在以后的日子里，她去了很多城市，去了很多咖啡店，她一直期待在她点过咖啡后，有人在身后轻轻地问她：“要不要加眼泪？”但是她一生都没有再听过这样的问话了。

这个感人肺腑的爱情故事，从另一个角度来说，黑暗餐厅也需要有持续的创新意识，咖啡师给女顾客的咖啡里加高档白酒便是一个新的创意。

3.“黑暗餐厅”大有市场潜力

近年来社交需求所带来的市场价值正在成倍增长。传统的休闲消费场所，往往让人觉得枯燥乏味。而线上交友、约会、聚会网站又有诸如盈利模式不清、对线下活动依赖性强、线下活动形式低端、组织者人为操控过多、吸引不了中高端消费者等弊端。

秦运民说：“黑暗餐厅”将进一步采用“线下 + 线上 + 无线”的模式，构建分布全国的线下品牌餐厅连锁，通过强大的线上平台及无线平台服务于线下餐厅经营。同时，“黑暗餐厅”将个性化创意服务与文化经营产业嫁接于传统产业，依照“餐厅连锁 + 交友约(聚)会服务 + 文化经营”，以满足顾客新的需求。

“我们是网友，本来就有很深的交流基础。餐厅安排我们先后进入座位‘相见’，熟悉的对方近在眼前却又看不见，交流起来很特别。”一对网友对秦运民说。

在黑暗餐厅里也有专属定制的服务，会给有特别需求的情侣策划一个独具创意的约会。店里已经搞了几十场约会，一般都是其中一方在另外一方不知道的情况下，经过与店里沟通安排约会，给对方一个惊喜。秦运民说道，“有的要求我们策划非常浪漫的求婚，包括配小提琴音乐等，还有鲜花、蜡烛。场景一布置起来，一般女孩子当场会感动得流眼泪。我们办过的约会成功率很高”。

秦运民欣喜地说，到目前为止，黑暗餐厅除了餐饮收入之外，盈利点还包括旅游团队的收入、主题活动的收入，还有一些电影、画展、摄影展等活动的收入，因此，黑暗餐厅的市场前景看好！

财富感悟

故事中的主人公创办“黑暗餐厅”，概括起来有以下几个特点：(1) 投资较大，必须具备一定的经济实力，才能经营这一项目；(2) 场所的设备要求讲究，购置的物品必须与黑暗餐

厅联系起来；（3）有一定的风险，经营期间，客源会有起有落，这将影响餐厅的收益；（4）适合开过餐厅或者经营过类似服务项目的人创业。

财富点拨

最早的黑暗餐厅由瑞士苏黎世的一位盲人牧师于1999年创办，其创办黑暗餐厅的目的是为盲人同胞提供就业机会。目前黑暗餐厅在欧洲共开设了十多家。美国的洛杉矶、加拿大的多伦多、澳大利亚的悉尼等城市也相继开设了黑暗餐厅。2007年4月，在中国吉林省长春市也出现了黑暗餐厅。

黑暗餐厅的特点是，餐厅内唯一灯火通明的地方只有一个，那就是洗手间。其他地方则完全没有照明，非盲人顾客进入这个餐厅就餐时不能使用手电筒，不能佩戴夜光表之类会发光的物品，而且入门后就得戴上遮光的眼罩，靠用手搭着侍者或朋友的肩膀，一个一个的入座。侍者也应该都是盲人，脚上系有铃铛，好让顾客听出他们的位置。

二、老剩男开办“剩男剩女聊吧”

财富话语

现如今，适婚年龄却仍未找到意中人的“剩男剩女”人数不在少数，因为交际圈狭窄等种种原因，选择通过相亲的方式去认识更多异性是不少人的选择。虽然也有人会选择一些户外活动来相亲约会，但如果是冬天寒冷、风大的时候，多数人还是会选择在环境较好的茶楼或是咖啡馆进行相亲。

1. 寻求完美，大龄男屡次放弃身边的女友

张晓东是一家物流公司的业务人员，是一名博士，已经29岁了，虽然为了工作错过了大好的恋爱时光，但他仍自信一定会找到一个才貌双全的老婆。

有一天下午，张晓东在单位的办公室看一份晚报，读到了一则消息，说本市有一家最近开业的婚姻介绍所，生意非常兴隆，短短的几天里，就促成了好几对大龄男女。这天晚上，回到自己的单人宿舍，张晓东失眠了，躺在床上辗转反侧，一个念头在他的脑海中闪现：我也可以去婚姻介绍所登记，也许能在那里找到理想的伴侣。

两天后的双休日上午，张晓东独自来到了这家名叫“圆梦”的婚姻介绍所，此时里面只有一名女工作人员，张晓东走了进去。女工作人员见有人进来，便问：“是来登记的吗？”张晓东点了点头：“是的。”女工作人员即刻把一本登记册递给张晓东：“你先把自己的情况和条件写在这上面吧。”张晓东随即掏出钢笔，在登记册上写下了征婚事项和要求：本人是毕业于某大学的博士，现年29岁，品貌端正、能力出众；现诚觅大学本科以上学历、有才有貌、贤惠通达、性情温柔、年龄在25岁以下、在机关单位工作或任教师之职的女性为伴。

张晓东写完后，把登记册交还给女工作人员，女工作人员接过一看，大发感慨地说：“原来您是博士，这可是我们婚介所开张以来，学历最高的征婚者。您一定会成为我们这儿最有竞争力的征婚者！您就回去等好消息吧。”

听了女工作人员这番激动的话语，张晓东充满希望地离开了婚介所。

从婚姻介绍所回来后的第五天，张晓东接到了女工作人员打来的电话，她说物色到了一名条件不错的女孩，安排张晓东他们俩在南湖露天公园见面。

晚上八点左右，张晓东提早来到南湖露天公园湖边的凉亭前，

四下顾盼等待佳人的出现。十几分钟后，女工作人员领着一位貌若天仙般的女子，朝张晓东这边走来。当两人来到张晓东的身边时，女工作人员对双方作了一番介绍，随后留下了张晓东他们俩自己交谈。

在杨柳依依的湖边草坪上，张晓东与这位名叫陶明虹的女子默默地坐了好一会儿，谁也不好意思先开口说话。还是张晓东首先打破了沉静 :“今年冬天的天气真暖和，难怪叫暖冬。”陶明虹应对着 :“是的，天是蛮热的，不像冬天。”张晓东又说了第二句 :“公园的柳树，比往年早发芽两个月。”陶明虹附和道 :“是啊，是挺早的。”张晓东第三句话是 :“看来今年是个好年成。”陶明虹再一次迎合道 :“是挺不错的。”有了开场白后，双方互相介绍了自己的简单情况。

第一次约会，张晓东感觉陶明虹简直是一个近乎完美的女子。

这天以后，张晓东与陶明虹一个星期见一次面，彼此之间也有了越来越多的话题，渐渐地进入了热恋状态。

如果说在热恋时期，张晓东完全被爱情蒙住了眼睛，张晓东看陶明虹简直没有一点缺陷，那么当热恋退去之后，随着交往的深入，各种矛盾也随之而来，张晓东便开始对陶明虹产生了厌烦情绪，她的任何一点不合自己心意的地方，都成了张晓东挑剔的说辞。

有一天傍晚，陶明虹来到张晓东的宿舍，她从口袋里拿出两张歌舞厅的门票，对张晓东说 :“我们今晚去跳舞吧？”张晓东马上作出反应 :“那种地方我才不去呢！男男女女搂抱在一起，没几个正经的！”陶明虹不赞同张晓东的看法 :“你的观点有些偏激，跳舞只不过是男女正常交流的一种方式，你的思想也太老土了！”这话让张晓东听了很反感，张晓东气呼呼地说 :“我是老土，可我不会犯男女间的错误！你时髦，那你就去跳吧！”陶明虹第一次见张晓东发这么大的火，她傻愣了好半天。

又有一天，张晓东与陶明虹逛街，当他们俩来到一处服装摊位前，陶明虹与小店主因服装的价格问题争得面红耳赤，一旁的张晓东见陶明虹那斤斤计较的样子，觉得面前的女人变得越来越俗气了。

此后的一段时间里，张晓东越看陶明虹越不顺眼，总觉得她与自己不般配！有一天，张晓东终于产生了分手的念头，心气也很高的陶明虹二话没说，答应了张晓东的分手要求。

2. 失去爱的兴趣，老剩男成了“不婚族”

两年过去了，张晓东又换了一家比较有影响的婚介所再次做了登记。登记不久，婚姻介绍所就有了回音，一位名叫楚雨玲的女子同意与张晓东见面。楚雨玲不仅家境优越，而且自身条件也很好，无论外貌还是学历都让张晓东首肯。

有一次，楚雨玲领着张晓东去参加一个朋友的聚会，她把张晓东介绍给她的那帮朋友时，是这样炫耀的：“我男朋友张晓东是名牌大学毕业的，现在是公司里的精英。”一旁站着的张晓东，感到自己被当作品牌广告宣传了。

楚雨玲不仅虚荣心强，同时也是具有超前消费意识的女孩。街上流行什么时髦的服装或化妆品，她一定要捷足先登抢先购买。有一天晚上，楚雨玲拉着张晓东去一家商贸大厦闲逛，当他们俩来到一处服装柜台前，楚雨玲看中了一件标价为2800元的裘皮大衣，她马上对身边的张晓东说：“我喜欢这件款式新颖的大衣，你去付钱吧！”这下可难为了张晓东，张晓东愣了一会儿说：“这么贵的衣服，我看还是算了吧！”楚雨玲不高兴了：“你一个博士，工资又那么高，给女朋友买一件大衣都舍不得，也太小气了！”说完，她把衣服一丢，甩头离开张晓东走了。

楚雨玲的“大小姐脾气”，在以后的日子里，愈发明显地暴露出来了，常常使张晓东束手无策。张晓东渐渐忍受不了她的娇气和爱慕虚荣的习气，没过多久，又一次主动放弃了这段感情。

时光飞逝，转眼张晓东已是三十八岁的“高龄剩男”了，尽管孑然一身，但他仍然始终不渝地按照自己原先定下的完美标准寻找伴侣。

然而，世间的事是不以人们的主观意志为转移的。张晓东所登记的第三家名叫“心缘婚姻”的婚姻介绍所，不知是什么缘故，竟然过了两个多月一个电话也没打来。

有点耐不住性子的张晓东主动打电话去询问情况，婚姻介绍所的同志如实地对张晓东说：“您所要求的那种女友，现在还没有出现。有些条件达不到标准的女性，我们又不敢介绍给您，所以，再等等看！”听了婚介所同志的安慰话，张晓东感到很无奈。

到了第三个月，婚介所的同志终于欣喜地告诉他，已物色到了一位完全符合张晓东要求的女孩。一天晚上，是张晓东去相亲的约定时间，如果是在过去，每当去相亲见面时，张晓东总要把自己打扮一番，然后再出门赴约，可这回张晓东却没了这份兴致，他胡须不刮，衣服穿得很随意，皮鞋也没擦亮。

到了约会地点，张晓东比那位三十多岁的大龄姑娘还晚到了二十多分钟。一番自我介绍后，张晓东与名叫董香丽的大龄姑娘进行了“常规性”的对话。张晓东从有问必答的交流中，得知董香丽曾经有过两次失败的恋爱史，现在一所中学做班主任，曾经荣获过大大小小不少的教育奖项，她能做不亚于一级厨师手艺的美味佳肴，相貌也端庄大方……

如此完美的女性，本应该是张晓东多年来梦寐以求的理想伴侣，然而，张晓东面对这么优秀的姑娘却怎么也激动不起来，他似乎对爱失去了兴趣。

有一天，董香丽郑重其事地邀请张晓东晚上去见她的父母，当时张晓东也满口答应了。可到了晚上约定的8点钟，董香丽一家人已等候在家里，可左等右等就是不见张晓东来。又等了半个多小时，仍不见张晓东的身影，董香丽急了，马上打张晓东的手机，当时张晓东正在一家音像店里转悠。董香丽当即质问张晓东：“你上哪儿去了？我和父母已经等你快两个小时了。”一听这话，张晓东这才想起了白天答应的事，他于是连忙赔礼道歉说：“对不起，我忘了这事，我这就过来。”

又有一次，董香丽与张晓东到人民公园去散步，两人肩并肩地走在鸟语花香的林荫道上，这时，董香丽很自然地挽着张晓东的手臂，并把头依靠在张晓东的肩头，谁知，张晓东却甩开她说："别这样！我们都老大不小了！"董香丽用陌生的眼睛望着张晓东，不理解地说："难道只有少男少女才能亲密吗？我真怀疑你是不是爱我！"

一天晚上，两人见面时，董香丽向张晓东提出了分手！对于她的要求，张晓东没有任何挽留的意思，只对她说："随你的便！分手就分手吧！"

张晓东不知道自己是第十几次失恋了，只知道自己对于恋爱或婚姻，看得越来越淡然，每当家人或朋友向张晓东提起婚姻的事，张晓东会这样对他们说："我恐怕这一辈子都不想结婚了，不是没有经济实力，也不是找不到比较理想的女人，是我自己对未来的婚姻没有信心！我不想愧对了别人，也不想害了自己，一个人过下去，也许是我最好的生活方式。"

如今，张晓东已经39岁了，可仍像十年前一样孑然一身，虽然每天白天忙于工作，但是晚上到家后难免会感到孤独，张晓东自己也不知道：这种生活方式是进步了，还是退化了？

3."爱无能"老剩男辞职开"剩男剩女聊吧"

屡次的失恋，让张晓东对追求爱情这东西已经提不起精神来了，有懂心理学的朋友给张晓东诊断，说张晓东患上了"爱无能症"，也许他的话是对的。当然，像张晓东这样走入"爱无能"行列的剩男剩女们也不在少数。

即将步入中年的张晓东，不想再在那家物流公司打工了，张晓东想辞职，自己创办一家公司当老板，思前想后，张晓东觉得目前像他这样的剩男剩女很多，何不开一家"剩男剩女聊吧"茶餐厅呢，为这些特殊人群创造一个相亲交流的场所。有了这个想法后，张晓东即刻开始筹备。

三个月后，张晓东的"剩男剩女聊吧"开张了。

张晓东通过调查了解到，晚上六七点左右是吃饭的时间，有部分人选择在这时候相亲，也有的人则是在晚饭后的7点半至10点来相亲，而且这时候的人更多。张晓东掌握了这一情况后，就把“剩男剩女聊吧”营业的时间调整过来，在平时，晚上聊天时间定在7点半到10点，张晓东发现每天都有三五对男女前来“剩男剩女聊吧”，节假日或周末会更多一些，一年中最“旺”的相亲季节是春节前后。

其实很多客人进门时，张晓东茶餐厅的工作人员就已经猜到是来相亲的。他们眼神到处搜索、询问桌号，让服务员带去指定的位置，两人见面后不像是很熟的样子，这些细节都透露出顾客是来相亲的。也有少数顾客相亲频率较高，常来他们的餐厅会见不同的异性，让服务员感觉很“眼熟”。

明白相亲中的玄机后，服务员会适度保持与相亲男女的距离。张晓东对服务员的要求是：客人要看得见服务员，但是服务员却听不见客人说的话。必要时，服务员也要适度经过他们的身边“巡视”一下，因为有时相亲双方交谈不愉快，服务员走近后，客人就会提前提出买单的要求。为了让环境更适宜，晚上8点过后，张晓东让餐厅将灯光调暗，换上钢琴曲，增加浪漫氛围。

据张晓东观察，前来相亲男女的消费并不算多。由于光线较好，多数相亲的年轻人会选择坐在大厅。一份茶点和一些小吃，两人的消费通常从几十元至两百元不等，即使吃一顿晚饭，费用也不会很高，因此，与午餐、晚餐等正餐时间所带来的消费高峰期相比，晚茶期间相亲的直接经济效益算不上丰厚，但是相亲成功后，情侣变成了茶餐厅的忠实的顾客，这些经济效益是无法估量的。有对情侣是在这里相识的，他们互相都很满意对方，每次来，都会吃上一顿饭。当时相亲时，张晓东就为他俩引过路，现在，他们每次消费都在200元到300元之间。

张晓东开设的“剩男剩女聊吧”茶餐厅经过一年多的经营，生意一直保持着平稳上升的势头！

财富感悟

故事中的主人公开办的“剩男剩女聊吧”茶餐厅正是顺应当今社交新潮流，这一项目的特点：(1)投资适中，承租一间市区中心位置的门面房，简单地装修一下，购置一些喝茶、吃饭用具；(2)经营者不需要太高的学历，只要懂得如何经营即可；(3)风险小，回报率高。

财富点拨

“剩男”“剩女”的征友、征婚的帖子，在各大网站、BBS上“满天飞”，有的干脆报名参加“8分钟速配派对”“大型交友联谊会”等，“剩男”“剩女”们希望速“猎”爱情，“猎婚”一词也就应运而生。这种把婚姻当成一个任务来完成的“猎婚”形式，虽然也不失为一个扩大社交范围，尽快找到另一半的途径，但是由于交流时间短，很难真正互相了解，所以通过在“剩男剩女聊吧”这样的交流场所深入交谈，才能更加了解对方。

三、失眠女创办“累眠俱乐部”

财富话语

多数知识分子脑力劳动繁重，平时又没有养成体育锻炼的意识和习惯，终日被数据、数字或外语单词的记忆和背诵所困扰，使中枢神经系统长期处在兴奋 - 疲劳 - 再兴奋 - 再疲劳的负循环状态之中。天长日久，就会造成植物神经紊乱，入睡缓慢且睡眠质量下降，以致发展到严重失眠，靠安眠药度过每一个夜晚。

1. 不做“全职太太”，职场女婚姻破裂

弘溪丽从华东一所大学中文系毕业后回到了老家。首先通过人才交流中心应聘到了一家报社当记者。对于这份工作，弘溪丽是比较满意的，毕竟是笔杆子文人工作，自我感觉比较好。

弘溪丽到报社已有半年时间了。在这段日子里，虽然记者工作很紧张、很辛苦，但弘溪丽觉得很充实、很快乐。与此同时，弘溪丽的名字也随着文章发表量的增多而逐渐被读者记住和赞赏，这更加激起了她对这份工作的兴趣和投入。就在弘溪丽事业干得正欢时，爱情也随之而来，他名叫鹿家毅，是一家皮革制品公司的总经理。一天，报社的总编辑安排弘溪丽到这家皮革制品公司去采访这位“白手起家”的老总，在采访过程中，弘溪丽被鹿家毅那自学成才的动人事迹所感动。采访结束后，他们互留了手机号码。当这篇人物专访见报的那天，鹿家毅即刻给弘溪丽的手机打来了电话，他想请她到一家大酒店吃饭，以示谢意。在他的盛情邀请下，弘溪丽前去赴宴。席间，鹿家毅对弘溪丽的文章大加赏识。也就在这次私宴上，弘溪丽了解到，鹿家毅忙于事业至今仍独身一人，对于这种有抱负的男人，弘溪丽历来很欣赏。因此，弘溪丽与鹿家毅谈得很投机，两人临分手时又约定了下次见面的时间。

不久，弘溪丽与鹿家毅恋爱了。国庆节这天是弘溪丽和鹿家毅正式步入婚姻殿堂的大喜之日。蜜月里，鹿家毅提出让弘溪丽以后不要出去工作，他说希望弘溪丽在家做“全职太太”。对于他的要求，弘溪丽没有接受，弘溪丽的回答是：“我不是那种靠男人养活的女人！我必须有自己的事业。”18天的蜜月假期一过，弘溪丽又回报社去工作了。

回到记者的岗位，弘溪丽就像注入了兴奋剂一样，又忘我地工作起来了。今天跑城东的新闻现场，明天奔往城南的某学校采访先进教师，后天又到城北的乡镇企业去采访，每天采访回来还要加班加点地赶写当天的稿件。在这种紧锣密鼓快节奏的工作状态中，弘溪丽几乎每天都只能睡四五个小时，有时候所采访的新闻报道篇幅较长，弘溪丽还要反复修改，常常要到深夜两点多才能上床。晚上休息不好，自然影响了白天的精神状态，可弘溪丽只能顽强地支撑着。有一次，弘溪丽到一家商贸大厦去采访，在贵宾室里，当一位部门经理慢悠悠地向弘溪丽叙说着他们的销售经验时，弘溪丽在采访时不知不觉地打起瞌睡来了，要不是那位部门经理的故意“咳嗽声”提醒，弘溪丽还真睡着了。当时那情形很是尴尬。

记者的这种工作性质，使弘溪丽每天都很劳累，长期睡眠不足，渐渐地患上了轻度的“失眠症”。经常需要工作到很晚，上床后还很长时间难以入睡。弘溪丽曾采用过数数、背唐诗宋词等方法，可就是不见效果。对此，丈夫鹿家毅很担心她的身体健康，他对弘溪丽说：“让你在家待着，你就是不听！偏要去干这种没日没夜的工作，弄得自己像个机器人一样，你到底图个啥？！”其实，鹿家毅自己也是个工作狂，他整天在公司里搞他的皮革制品事业，有时一出差就是一两个月不回家。鹿家毅很想把弘溪丽改变成贤妻良母式的“全职太太”，可弘溪丽坚决不同意。他俩为此不知道争吵过多少回，最终谁也说服不了谁，都觉得自己所从事的事业很有意义。弘溪丽说：“每次两人发生冲突后，就会加重她的失眠症状，那份煎熬真是难受极了！”

自从患上失眠症后，弘溪丽的精神状态显然不及过去那么饱满，而且脾气也变得暴躁起来，情绪波动较大。弘溪丽在一次与鹿家毅发生矛盾冲突时，大男子主义比较严重的鹿家毅愤然地说：“如果你还要继续这样工作的话，那我们就离婚！”一听这话，弘溪丽愣了片刻，生性好强的弘溪丽回过神来后，毫不犹豫地接过他的话说：“离就离！你想不让我去工作，那是不可能的！”

这次争吵过后不久，弘溪丽与鹿家毅办理了离婚手续。他们的婚姻就这样结束了。

2. 全身心投入事业，有快乐更有烦恼

离婚后，刚开始弘溪丽有种解脱似的感觉，她把全部的精力投放到采访和写稿中去。这一阶段，弘溪丽的采访文章几乎天天都有

见报，除了稿费的收入比以前翻了几番外，名气在读者中也明显大增，这使弘溪丽充分地享受到了事业所带来的快感。当然，弘溪丽在名利双丰收的同时，失眠症也随之加重了。尤其一到夜深人静时，她的大脑始终处于高度兴奋的状态，白天的人和事像电影一样清晰地闪现出来。弘溪丽曾有意识地试图抑制自己的这种兴奋状态，想好好地睡上一觉，可越是这样想就越是睡不着。无奈之下，弘溪丽只得到医院开了一些安定药来吃。

干记者工作难免会惹来一些麻烦。有一天，弘溪丽正在采访部校对一篇准备见报的文章小样，忽然一位自称是某住宅小区的市民打来了电话，他指名向弘溪丽提供了一条新闻线索，说是他所居住的物业小区，物业管理人员因业主的一条宠物狗跑到值勤室里拉屎而把它打死了，等宠物狗的主人回来发现后，便找这位物业管理人员理论，谁知两人一番争辩后，物业管理人员一怒之下用电警棍击伤了业主，致使业主住进了医院。受伤害的业主为了讨个说法，出院后便把这位物业管理人员告上了法庭。据说这位物业管理人员在司法机关有“关系”，在法院一审判决时，以业主败诉而告终。业主不服，又上诉到上一级法院，此案正在审理之中。打电话的这位不留名的市民向弘溪丽提供这条新闻线索的目的，是想通过媒体对事实进行客观的报道，给有关部门一些压力，以维护法律的公正性。听完这位市民的述说后，弘溪丽当即向总编做了汇报。总编觉得这是一条很有价值的特稿，马上让弘溪丽赶到事发地点去做全面的采访。一个小时后，弘溪丽乘坐出租车来到了这个物业小区。不料，弘溪丽的采访在物业管理人员那里受到了阻挠，他们不肯向弘溪丽提供事实的真相。弘溪丽只好采访了业主和周围一些知情的市民，从他们的口中了解事情的前后经过。之后，弘溪丽又赶到审理这起案件的法院，找到有关办案人员进行细致的采访，并且阅读了原、被告双方的案卷。直到晚上10点多钟，弘溪丽才回到了住地。她连夜赶写出了一篇题为《宠物狗惹祸端，受伤业主状告管理员》。文章足足写了8000多字。第二天早晨，弘溪丽因熬夜眼里布满了血丝，她把文章交给了总编。总编看后对文章很满意，当即同意印发。这篇文章于当天下午就见了报。

文章发表后，产生了一定的反响，也引起了有关部门对这起案件的高度重视。当然，因为这篇文章的倾向性而惹怒了那位物业管理人员，他采用各种手段来威胁弘溪丽。在一段时间里，每到晚上，弘溪丽都会接到他打来的好几个恐吓电话，让弘溪丽小心脑袋！有一天夜里，弘溪丽很晚才从报社出来，走在回家的路上，有两位陌生人半路拦住弘溪丽威胁说：“你要是再在报上乱写东西，我们就叫你尝尝刀子的滋味！”说着，他俩拿出随身携带的匕首在弘溪丽的面前晃了晃。作为一个单身女人，弘溪丽对于这种威胁自然有所惧怕。好几天里，弘溪丽的心理都处于紧张状态中，一到晚上就难以入睡，生怕有人会闯进来对她行凶。这样一来，弘溪丽的失眠症就更加严重了！

类似于这次遇到的麻烦问题，在弘溪丽做记者工作的过程中时常出现。还有一次，因弘溪丽报道了一家娱乐场所容纳“三陪小姐”的新闻，有关部门当即查封了这家娱乐场所。恼羞成怒的涉事老板为此不断地打电话来骚扰弘溪丽，并且还叫人用石块砸碎了弘溪丽住处的玻璃窗。在那段日子里，弘溪丽吃不好睡不安，神经始终紧绷着。

干记者工作除了要面对一些不法分子的威胁和恐吓，这份职业本身的竞争性也很强，为了抢到独家报道，就必须闻风而动，有时甚至半夜三更也要赶赴事件现场。因为这样的工作性质，她的生活自然没有规律。弘溪丽原本就已患上了失眠症，加之生活又没有规律，她的失眠症越来越严重了。终于有一天，弘溪丽因长期失眠并且过度疲劳而晕倒在采访现场。弘溪丽是被采访的当事人送到医院去的。等弘溪丽醒来时，已是第二天的下午4点多钟了。一位主治医生对弘溪丽说：“你的病情是由于长期的失眠症而引起的植物性神经功能紊乱，以致造成了极度的身体疲劳、体力不支、头痛和心慌。”

此后不久，弘溪丽的失眠症愈发严重了，有时候甚至一连几天都睡不好觉，这直接影响了弘溪丽白天的工作精力。有一天早上，

弘溪丽刚走进编辑部，同事就说总编让弘溪丽到他办公室去一趟。随后弘溪丽来到了总编室，总编当即把前一天的报纸送到弘溪丽的面前：“你自己看看吧，好几个读者打电话来说这件事。”弘溪丽不知发生了什么事，忙接过报纸一看，啊！原来她采访的两篇文章里不仅出现了9个错别字，而且连其中一篇文章的小标题也搞得文不对题。看着这么大的差错，弘溪丽的脸一阵发烧。接着，总编用一种严厉的目光望着弘溪丽说：“作为记者的职责你应该清楚，干记者工作怎么能这样马虎？！咱们应该对得起读者！”从总编室出来后，弘溪丽的心里很不平静。按照编辑部的规定，这个月的奖金弘溪丽算彻底“泡汤”了。

当天深夜，弘溪丽又严重失眠！整个晚上都在想白天发生的事，直到早晨6点钟，她的眼睛也无法闭上。起来吃过早饭后，弘溪丽拖着极其疲惫的身体去上班。因为要完成一个整版的采访任务，工作量显然很大。尽管弘溪丽很想认真地做好采写，但注意力总是很难集中，脑袋时不时地会出现一片空白。

当又一天来临时，总编亲自打电话把弘溪丽叫到他的办公室去。弘溪丽知道情况不妙，心里不由紧张起来。这次总编又很生气地把当天的报纸送到弘溪丽的面前，他只说了一句：“你太不负责任了！”

弘溪丽接二连三地出差错，终于被报社炒了鱿鱼。失去了自己心爱的工作，弘溪丽不怪别人，只怨自己得了那个令人苦恼不堪的失眠症。

3. 被炒鱿鱼，失眠女创办“累眠俱乐部”

丢了工作后，弘溪丽一时没了生活来源，便再次跑到人才交流中心去应聘，可一连好几天都找不到理想的工作。就在弘溪丽苦恼之际，弘溪丽在阅读一份晚报时，读到了一则创业新闻，说在某市有一位女青年为失眠者创办了一家“催眠俱乐部”，在这个俱乐部里，这位女青年设计了许多带有运动与快乐类型的项目，能够缓解失眠者的病症，取得了良好的效果，并且她也从中创造了财富。

看完这个创业故事，弘溪丽很受启发！是啊，自己也可以效仿这名女青年的成功经验，在本市开一家类似的俱乐部，相信会有市场的！有了这一想法后，弘溪丽就开始着手筹办催眠俱乐部的事宜！

经过三个多月的筹备，弘溪丽名叫“累眠俱乐部”的催眠俱乐部正式开始运营了，俱乐部采用收费会员制。在弘溪丽的“累眠俱乐部”里，弘溪丽设计了许多娱乐和运动结合的项目，有游泳、登山、打乒乓球、骑自行车、唱卡拉OK、排练小品、讲幽默笑话等等，既有室内的，也有户外的，弘溪丽开办催眠俱乐部的宗旨是，要让每个患有失眠症的会员“累并快乐着”，最终达到缓解失眠症的目的，这就是所谓的“累眠”。

一个双休日，弘溪丽组织了一次登鸡冠山的活动。在这次登山活动中，前来参加的患有失眠症的会员达53人，这些人的运动欲望被弘溪丽激发出来了，登山时，你追我赶，谁也不甘落后，拼命地往前赶。当大家到达山顶时，一个个都累得气喘吁吁了，但看得出来，这些会员都很开心，一个个脸上都露出了笑容。在下山回家的路上，一位年轻的女会员余兴未尽地对弘溪丽说：“希望你下次再组织我们来登山吧！”

登鸡冠山第二天一大早，弘溪丽就接到了十几个会员的电话，他们都说昨晚回家睡得很香。可见，这种“累眠”活动已经初见成效，开始帮助失眠会员度过了难熬的不眠之夜。

此后的日子里，弘溪丽又先后组织会员攀登了梦龙山、仙台山、塘源山和锦秀峰，同样都收到了很好的效果。

在组织登山的同时，弘溪丽还启动了骑自行车郊游项目。在双休日，弘溪丽让会员们各自骑一辆山地自行车，然后安排他们到近郊去兜风。每到一处农庄，弘溪丽就地安排骑行的会员一道吃乡土味的农家饭。开始的时候，有些会员根本吃不下这粗菜淡饭，但是没过多久，走村串寨的次数多了，他们渐渐习惯了农庄的田园生活和饮食，特别是骑自行车一路消耗很大，到了农庄歇息下来，一见香喷喷的农家饭菜，他们的胃口就大开了，有时，一顿能吃三大碗

饭。每每瞧见他们狼吞虎咽的样子，弘溪丽总会露出欣喜的表情。

经过一段时间登山和骑自行车郊游等运动锻炼，这些参加活动的会员睡眠状况大都得到了改善，有的甚至能一觉睡到大天亮。

“累眠俱乐部”自创办以来，使越来越多的会员感受到了“累并快乐着”的锻炼给他们带来的益处，让大家既锻炼了身体，改善了睡眠，还结交了许多朋友，带来了快乐。一年多过去了，弘溪丽的“累眠俱乐部”不仅让她赢得了好口碑，还给她带来了丰厚的财富。

财富感悟

故事中的主人公所创办的“累眠俱乐部”这一项目，有以下几个特点：(1）室内项目投资较大，要有一个较大的活动场所，还要购置较多的运动器材；(2）经营者最好要会一些运动项目，与此同时，也要懂得一些心理辅导知识；(3）适合有一定经济实力的中产阶层人士创业；(4）具有一定的组织才能，能够组织大型的户外活动；(5）风险小，回报率高。

财富点拨

生命在于运动，体育锻炼对于维持整个机体的健康具有十分重要的意义，尤其对脑力劳动者来说显得更为必要。因为脑力劳动者经常用脑，使大脑长期处于紧张状态，但是平时活动又少，这样就不利于大脑放松.而影响睡眠，所以要劳逸结合，加强锻炼。白天增加运动量，可以使大脑在白天时保持兴奋度，到了晚上就自然而然地转入抑制状态。本文主人公从自己失眠的切身体会出发，创办了“累眠俱乐部”，在为广大失眠人群办好事的同时，也为自己带来了财富，可谓一举两得！

四、做“汽车保姆”，返乡女人的致富之道

财富话语

开汽车修理厂赚钱吗？随着生活质量的提高，私家车也越来越多，汽车这个行业的投资项目也越来越多了，但是有些人可能会问：现在汽车维修店很多，做汽车维护的“汽车保姆”能赚钱吗？

1.应聘进公司，幸运地当了办公室主任

大学毕业后，殷秀妹通过人才市场应聘进了一家汽车服务公司的分公司上班，上岗之初，殷秀妹只在办公室做一般文员，抄抄材料、送送文件、接接电话。

公司葛总经理是一位有商战经验的中年人，他对汽车行业的人脉可谓了如指掌。也许是殷秀妹勤于工作、踏实肯干的表现感动了葛总，殷秀妹来公司半年后的一天上午，殷秀妹刚上班，葛总就把她叫到办公室去谈话。殷秀妹坐下后，葛总先是问了一些汽车配件及营销方面的事宜，殷秀妹如数家珍似的一一做了回答。葛总听后颇为满意地点点头，随后，他又提出这样的问题：“假如现在让你做公司的办公室主任和我的助理，你打算怎么干？”这个突如其来的提问把殷秀妹一下子问住了。葛总笑着说：“先不忙回答我，回去考虑一下，几天后写个书面报告给我。”殷秀妹离开葛总经理办公室后，脑子开始思考这一新问题。

这天晚饭后，殷秀妹打电话告诉男友武小泉，说了葛总经理找她谈话的内容。武小泉听后，有些不高兴地说：“你们的总经理是不是想让你做他的贴身秘书？有些女人做女秘书就会做成老板的情人，我可不希望你这样！”殷秀妹一听男友尽往歪处想，便有点气恼地把电话挂断了。没过半个小时，武小泉主动把电话打过来了，但是他仍然

言词偏激地反对殷秀妹接手这份工作。殷秀妹知道在这个问题上一时很难与他沟通，便语气有些和缓地对他说：“你要相信我对感情的忠诚，即使我做了总经理的助理，我也能牢牢把握住自己，绝不会做半点对不起你的事。”这回武小泉不作声了。

三天以后，殷秀妹把书面报告交给了葛总。葛总看完后当场没有说什么。一个星期后，公司副总经理正式通知殷秀妹说，经理办公会议研究决定任命你担任办公室主任兼总经理助理。时年殷秀妹正好24岁。这么年轻的办公室主任，别说公司的一些“元老”不服气，就是与殷秀妹一同应聘进来的几位女孩也很嫉妒。一位叫雪青的女孩当面对殷秀妹冷嘲热讽，从她的口气中好像殷秀妹这么年轻就能做办公室主任，一定是付出了见不得人的“代价”。殷秀妹不想与她纠缠在是非中，相信历史自有公论。

2.顶着压力，做好了工作也保卫了爱情

殷秀妹顶着男友不理解、同事不服气和忌妒的压力，正式就任办公室主任一职。做办公室主任比做一般文员要复杂且繁忙得多，诸如传达老总的“指示精神”、替代老总接待生意上的来访者、听取职员的工作汇报、安排各部门的“框架”工作等都是办公室主任工作范围的事。葛总对殷秀妹的工作也很信任，公司里的许多日常事务都放手大胆地让殷秀妹去处理和安排。

男友武小泉得知殷秀妹执意做了办公室主任后，他担心殷秀妹因此会成为老总的“小蜜”，在外地打工的他干脆辞职了，急匆匆地赶到殷秀妹所在的城市。由于他精通美术广告设计，很快就在一家装潢广告公司谋到了一份工作。殷秀妹知道武小泉这样做完全是因为爱她，为了不想失去殷秀妹。

有一次，殷秀妹与葛总到省城去联系业务，直到第二天中午才返回殷秀妹与武小泉的同居屋。武小泉满脸不高兴地质问殷秀妹昨晚与葛总是怎么度过的？尽管殷秀妹一再解释，武小泉仍抱着怀疑的态度。为此，他们俩发生了较为激烈的冲突。

在将近一个月的时间里，殷秀妹陷入了如何处理感情与工作的矛

盾纠结之中，对于男朋友的误解和偏见，殷秀妹只能用言语去表达自己的心迹。然而，在行动上，作为助理的殷秀妹，与葛总的频繁工作接触又不可避免。有时殷秀妹也想辞掉总经理助理的职务，太太平平地过日子。可是积极要求进步的殷秀妹又不甘于做一般的职员。殷秀妹处在一种很矛盾的心理状态中。

葛总看出了殷秀妹的心事，他很想找武小泉谈谈，但又怕这样做会适得其反。一个周末的傍晚，葛总亲自“做东”邀请殷秀妹和武小泉共进晚餐，一同进餐的还有葛总的夫人。殷秀妹很清楚葛总此次安排的用意，他是想彻底消除武小泉的心理障碍和偏见。席间，当武小泉亲眼见到葛总与夫人恩恩爱爱时，他心里的顾虑瞬间释然了。这天以后，武小泉对殷秀妹与葛总的那种正常的工作交往也不猜忌了。

殷秀妹做了将近两年的办公室主任。在这段时间里，殷秀妹与葛总的关系很正常，始终没有突破上下级的原则，事实让曾经说过殷秀妹坏话的女职员也无话可说了，现在已经成为殷秀妹丈夫的武小泉更是彻底地信任殷秀妹了。

一天中午，葛总告诉殷秀妹说，公司决定派殷秀妹到宏华汽车修理厂去担任业务副厂长。对于组织的这个决定，殷秀妹毫不犹豫地接受下来了。几天后，殷秀妹正式走马上任。这个修理厂共有职工60余人，工种也比较齐全，有油漆工、钣金工、电工、机修工和检测工等，想要管理好这些不同工种的员工，对殷秀妹来说又是一个新课题。

丈夫武小泉对于殷秀妹就任副厂长一职，不但没有阻挠，而且表示愿意全力支持，甘当殷秀妹的“后勤兵”。武小泉从殷秀妹上任的第一天起，就包揽了所有的家务事，甚至连殷秀妹的衣服也帮着洗。有一次殷秀妹在修理厂晚上加班迟了，武小泉亲自骑着自行车来接她。厂里一位主管笑着对他说：“我们这儿有的是汽车，让厂长坐自行车回去是不是太慢了？！”武小泉则笑答：“骑车带老婆更有一种不一样的情调。”另一位女技术员用羡慕的眼光望着殷秀妹说：“厂长的老公确实是一个不可多得的贤夫！”这一刻，殷秀妹有一种幸福的感觉。还有一次，武小泉把殷秀妹从厂里接出来，他俩肩并肩漫步

在滨海大道上，凉风习习、汽笛声声，殷秀妹忽然有一种初恋时的感觉。身处商海久了，这种情人才有的温馨和甜美的滋味，似乎离殷秀妹已很遥远了，在她心里还是期望丈夫能经常有这样的情调，以调节自己工作上的劳累之心。

殷秀妹接管修理厂的业务工作后，开始时厂里的业务量还挺不错的，好的经济效益自然给职工们带来十足的工作信心。可不久之后，由于附近的路段修整，致使许多待修的车辆难以开进他们厂，致使厂里的业务量明显下降，造成了经济效益大滑坡。这时，厂里有不少人开始萌生跳槽的念头。殷秀妹知道后，便一一找这些有跳槽苗头的人促膝谈心，让他们知道：“厂里处于低谷状态只是暂时的，只要大家齐心协力，共渡难关，厂里的好日子很快就到来。”殷秀妹的一番充满坚定信心的肺腑之言使那些职工有所感触，打消了离开的念头。尤其在这一非常时期，原先拿5500元工资的殷秀妹主动提出只要3500元，这对其他员工来说也起了带头作用。不久，路修好了，殷秀妹厂里的经济效益果然回升了，职工们的福利也有了好转。大家得到了实惠，看到了厂里的前景和希望，原先那些想跳槽的员工这时也对殷秀妹的言行赞赏有加。

3. 开办“汽车保姆行”，闯荡女人有了自己的“窝”

时间又推移到一年后，正当宏华汽车修理厂的生意处于红火之时，分公司总部经理来电话告诉了殷秀妹一个不好的消息，他说集团总公司准备全面改革，机构将精减，准备大幅度裁员。他透露说，宏华汽车修理厂恐怕保不住了。果然一个半月后，宏华汽车修理厂关掉了，殷秀妹这个汽车修理厂的副厂长被就地免职“下岗”了，分公司那边殷秀妹也回不去了。殷秀妹马上把“下岗”的消息告诉了丈夫。武小泉安慰殷秀妹说：“你即使以后一直没有工作了，我也照样能养你。”对于丈夫的这份真情，殷秀妹从心底感激。

回想起这几年来的工作和生活，特别是担任办公室主任和汽车修理厂经理工作，给殷秀妹带来的不仅是工作经验的增加、心理的成熟、见识的拓展，最主要的是丈夫给殷秀妹的支持，她们有了一个经得起任何风雨考验的幸福家庭，这一点确实很重要。

下岗后不久，在丈夫的支持下，殷秀妹申办了一家汽车维修部，取名为“汽车保姆行”。

“汽车保姆行”开业时，挂出了明码标价修理汽车的牌子，同时推出汽车保养维修积分酬宾的新方法。

过去，殷秀妹在宏华汽车修理厂工作时，已经结识了很多车主。这些车主对殷秀妹的为人都十分敬佩，听说殷秀妹自己开了汽车维修部，而且汽车修理价格公道，服务优良，所以许多车主只要汽车有问题都来找殷秀妹处理。殷秀妹的“汽车保姆行”刚开业不久，每天就能接待不少顾客，第一个月就盈利了几万元。

春节前夕，大量自驾游汽车纷纷涌向殷秀妹所在的这个城市。殷秀妹敏锐地察觉到，自驾游汽车大量的涌入，必将伴随很多问题，尤其是新手开车极易遭遇各种问题。殷秀妹很快就有针对性地推出了汽车紧急救援服务。果然，这项服务一推出，那些自驾游汽车一出现故障，司机就请求殷秀妹前去救援。仅此一项，春节期间殷秀妹的“汽车保姆行”靠拖车就收入了6万多元，拖车带来的修车收入达31万元。殷秀妹又迅速开拓业务，增加了汽车装潢、汽车美容、代理销售城际通汽车导航仪等相关业务，月利润很快达到了80多万元。

殷秀妹事业迅速发展，很快引起一家保险集团某子公司的兴趣。双方经过洽谈，该子公司投资250万元，为殷秀妹购置曲轴磨床、镗缸机、洗车设备等大型汽车修理设备，双方开始了紧密合作。

随着“汽车保姆行”规模的扩大，殷秀妹的财富也跟着大增。现在，殷秀妹已在一处高档小区购置了一套湖景别墅。每逢空闲，殷秀妹就驾驶着奥迪越野车，带着家人外出旅游，过上了令人向往的高品位生活。

在严峻的市场竞争中，学历高、起点高固然具有竞争优势，但一个人的核心竞争力最重要的还是工作经验和创新能力。殷秀妹历经职场磨炼，积累了丰富的工作经验，然后及时转变就业观念。她创业成功的故事无疑给人留下了深刻启示：社会竞争力不是比学

历，而是比实力，学习的终极目的是增强竞争实力，不要把学历当成装饰品，要在工作过程中不断积累经验和人脉，为自己创业打下基础。虽然汽车修理行业的竞争十分激烈，但是只要你能在服务项目上做好创新，发挥竞争优势，在竞争激烈的环境下也可以后来者居上，甚至做出大事业。

财富感悟

现如今，“用车方便养车难”正成为困扰众多私家车主的新问题，本文主人公创办的能帮助私家车主省时、省心、省钱的“汽车保姆行”也因此十分走俏。

财富点拨

现代人生活节奏快，日常烦琐的事情多，没时间也没经验对汽车进行细致入微的保养呵护，这就会影响汽车的使用寿命，并可能在车主急用车的关键时刻“掉链子”，所以及时、高效、实用的养车、用车、修车顾问，正逐渐受到私家车主的欢迎。汽车保姆是集维修保养、配件装饰、紧急救援、帮助洗车、代购车险、智能导航等服务为一体的多元化创新服务项目，发展前景广阔。

五、“卖花女”瞄准了“窗台经济”

财富话语

近年来，人们的生活水平越来越高，住的楼房也越来越

好，不少家庭都需要一些盆栽鲜花来点缀他们的生活。为此，发展家庭花卉租赁是一个投资新趋势。现代人越来越忙，大部分人没有时间养花，所以家庭养花这项专业服务也可以交给花卉租赁公司来打理。

1. 在集贸市场做“卖花女”

常静丹从一所农学院植保系毕业后，回到了老家江西省东北的某地。她本来最想进农科所或环保部门做专业对口的工作，但是没有机会，所以只好跑到人才市场去应聘其他工作。可是，这儿的人才市场大都招聘计算机、财会、文秘和一些技术性很强的员工，而常静丹所学的是当地冷门专业，很难找到对口的工作。她在人才市场泡了半个多月，竟没有寻找到一个适合她干的工作。

一天中午，常静丹从人才市场求职无望，心灰意冷地走出大门。当时正值炎热的夏天，常静丹口干舌燥，便走到旁边卖西瓜的摊位前买了一片西瓜吃。在吃西瓜的过程中，常静丹了解到这位卖西瓜的戴眼镜青年小伙也是一位大学毕业生，是学生物工程专业的，跟她差不多也属于当地冷门专业。常静丹吃惊地问这位小伙子：“你一个大学生卖起西瓜来，不觉得丢人和掉价吗？”眼镜小伙语气很肯定地说：“我这是靠自己的劳动和汗水换取酬劳，一点也不觉得丢人和掉价！现在是市场经济年代，劳动价值应该是多方面的。”常静丹用欣赏的口气说：“你还真有胆识！”

与卖西瓜的眼镜小伙交流后，常静丹得到了很大的启示。她想，既然人家学生物的大学生能放下清高上街去卖西瓜，我为什么就不能改变观念也做些自食其力的事呢？之后的两天里，常静丹没有再去人才市场碰机会，而是认真思考下一步的就业计划，想想自己如何才能创造机会走出一条生存之路。两天后一大早，常静丹就出门去“考察”市场，看自己适合干些什么。

半个小时后，常静丹来到了熙熙攘攘的集贸市场，当她走到一处销售花卉的摊位前时，她的目光很自然地被一盆盆艳丽的花草吸

引了过去。常静丹蹲在一盆刚绽放的金黄色菊花旁，问那位上了一些年纪的花农：“大叔，这盆菊花卖多少钱？”老花农立刻用手比画了一下：“30块钱。”常静丹有些吃惊地说：“这么便宜啊！”老花农用异样的眼神看着常静丹：“姑娘，你不是笑话我吧？”常静丹马上摇了摇头：“不！大叔，我说的是真话！你这菊花的品种是很高贵的，而且花盆和花都这么漂亮，只卖30块钱，我觉得确实很便宜！”老花农见常静丹说话很诚恳，便对常静丹说：“姑娘，你真是个识货的人！我卖这个价，还有人说太贵了！”常静丹与老花农正在说话时，一个小女孩手抱着一大束鲜花朝常静丹走过来：“姐姐，你买一束鲜花吧！这是我们家自己种的花。”常静丹站起身拿过小女孩递过来的一束娇艳欲滴的玫瑰花，打听道：“这束玫瑰花多少钱？”小女孩报价说：“10块钱，很便宜的！”常静丹买下了这束红玫瑰，顺便问小女孩：“你这样一天能卖出多少花？”小女孩说：“大概十几二十束吧！”常静丹一计算，小女孩一天能销售将近200元，这可是不小的数目！

从集贸市场“考察”回来后，常静丹忽然产生了想去做“卖花女”的念头。说干就干，第二天，常静丹把目光盯在了近郊一家栽培花木的苗圃。她来到这家苗圃，与老板谈好了每天从他这儿购买一大塑料桶鲜花，价钱当然是“出厂价”。进货渠道选定后，常静丹便于次日一大早赶到苗圃来提鲜花，做起了“卖花女”。这一天，她试着提了十束鲜花去探探市场。也许是常静丹太顾及颜面，来到市场后，她不好意思叫卖，整个上午从东头走到西头，除了一位青年男子主动向她买去一束鲜花，剩下没有卖出的一大把花只得拿回家去插满家里的花瓶。头一天就出师不利，常静丹反思一夜后决定改换卖盆花，就像那位老花农一样“稳坐钓鱼台”。

两天后，常静丹果真这么做了。她先到苗圃拿来六盆不同品种的花，然后在集贸市场选了一个位置作为经销点。她以每盆20元的低廉价格出售，没想到，从早上六点到下午四点收摊时，她的盆花竟然销售一空。除去成本90元，常静丹这一天净赚了30块钱。

尝到了卖盆花的甜头后，第二天，常静丹叫了一辆三轮车到苗圃拉了20盆鲜花去卖，这次又出乎她的意料，等到傍晚收摊时，只留下四盆鲜花没售完。接下来的几天里，常静丹每天都能销售14盆到18盆鲜花。一个月下来，常静丹赚了近千元钱。虽然卖花很辛苦，但她体验到了自食其力的满足感。

2. 开家鲜花店当个小老板

常静丹到集贸市场做“卖花女”两个月后，开始不满足于摆摊卖花了，于是，她向工商部门申请并购买了一个“鸽子笼”式的正式摊位。有了这个能遮风挡雨的小花店，常静丹卖花比以前劲头更大了。她每天都去苗圃拉来五十盆左右的花，尽管有时候只销出去一半左右，可经过她的精心护理，余下没卖出去的鲜花第二天或者第三天照样很新鲜。

常静丹在“鸽子笼”小花店里销售盆景鲜花达四月之久，有一天，她又想扩大规模开一家大一点的鲜花店。一个多月后，常静丹真的把想法变成了现实：她拿出自己前一段时间卖花积累的资金，外加向亲朋好友借了一些款，在闹市区的黄金地段租下一个门面房，取名为“原野鲜花店”，并把花店精心整理成了一个五彩缤纷的鲜花世界。

“原野鲜花店”开业后，常静丹除了零散地出售各种鲜花和盆景插花外，还抓住一些节庆日的机会集中推销，例如母亲节、父亲节和情人节等。每次节庆日之前，常静丹就购进大量具有象征意义的鲜花品种。比如母亲节，她就购进郁金香或百合花；情人节，她就购进玫瑰花；清明节，她知道不少吊亲祭祖的人喜欢购买一些洁净素雅的鲜花前去缅怀亲人，她就购进大量的紫罗兰、白菊花等。

随着时间的推移，常静丹在经营“原野鲜花店”时，渐渐地把目光转移到了如何提升花店档次和规模上来。有一天下午，一位老板模样的男子走进了常静丹的鲜花店，他笑着自我介绍说：“我是你的中学同学廖宏民推荐来的，他说你这儿的鲜花特别漂亮、鲜

艳。我们单位今晚要举行联欢晚会，主席台上要布置一些鲜花，我想在你这里租16盆鲜花。”一听是老同学介绍来的，常静丹当即给他挑选了适合这种场合摆设的盆景鲜花，至于出租价格，常静丹比其他花店同类品种每盆优惠20元。这位老板高兴地拉走了16盆花，并一次性付了款。

做成了第一单出租鲜花生意后，常静丹感到自己所经营的鲜花店应该实行“两条腿走路”的经营方式：既要出售，也要出租。出租是个大市场，虽然利薄，可“薄利多租”同样能获得良好的经济效益。这样一想，常静丹便主动出击，通过各种渠道了解哪些机关和厂家及公司要搞活动，然后再主动与这些单位进行联系，把自己的鲜花推荐出租给他们。

有一次，常静丹从一位朋友那儿知道了一家房地产开发公司，“五一”期间要在中心广场搞一次大型的现房销售优惠活动，常静丹立刻带着两名雇来的小店员，赶到这家房地产公司找到了主管经理，极力向他推荐她的盆景鲜花。这位主管经理听了常静丹的介绍后，他笑着说：“在你来之前，已经有好几家鲜花店来人来电话联系了租花的事，我正在考虑中。”

得知几家同行已捷足先登，常静丹深感竞争的激烈性，她不想放弃这次机会。当天下午，常静丹让人首先拉来6盆鲜花样品让这位主管经理有视觉印象。果然，常静丹“先下手为强”的推销方式起到了作用，主管经理对她带来的鲜花样品很赞赏，当即拍了板。

第一次主动出击揽生意获得成功，这增添了常静丹的信心。

此后的日子里，常静丹抓住每年重要的节庆日大做文章，如元旦、春节、“三八”妇女节、“五一”劳动节、“五四”青年节、“六一”儿童节、“七一”建党节、“八一”建军节、教师节、“九九”重阳节、“十一”国庆节和圣诞节等，在这些节庆日到来之前，常静丹便活跃在有关部门，进行盆景鲜花出租业务的“游说”。

教师节前半个月，常静丹就携带着自己的“盆景鲜花样品”走遍了本市各大中小学，找到这些学校的负责人进行推销。在常静丹的辛勤努力下，仅仅一个教师节，她就谈成了二十几所学校的鲜花出租业务。

在重阳老年节前两天，常静丹如法炮制，她找到几家主管老干部活动的部门，经过推荐和鲜花样品展示，又谈下了近百盆的鲜花出租业务。

3.她把眼光瞄准“窗台经济”

第二年的夏天来临了，常静丹经营的“原野鲜花店”生意虽然仍然处于旺盛之际，但常静丹经常有一种竞争的危机感。她知道，如今开鲜花店的人很多，光常静丹所在的城市就有几十家，而常静丹要想在这么多竞争对手面前占有一席之地，并保持自己的竞争力，只有不断进取，抓住每一个机会，才能长盛不衰。把眼光盯在每年的各种节庆日上，这一销售方式已经被许多同行所采用，这样一来，常静丹想在“几个和尚争粥喝”的竞争环境里处于不败之地，确实很不容易！

就在常静丹为前途做新的思考之时，一个双休日的上午，一对夫妻走进了常静丹的鲜花店，妻子一进门就对常静丹说：“老板，你们店出租盆景插花吗？”常静丹热情地回答：“出租啊，你们是什么单位的？”丈夫笑着说：“我们不是代表单位的，而是想在自家新房的阳台摆上几盆好看的盆景鲜花。”原来是这么回事，常静丹当即对他们说：“我还是第一次对个人出租盆景鲜花。”那位丈夫很有见识地说：“其实，现在一些大城市早就有专门为家庭出租盆景鲜花的生意了。”这位丈夫的话对常静丹有所触动，常静丹的脑海里忽然掠过一个想法，既然人家大城市都率先做上了这种买卖，我为何不可以效仿人家也尝试一下“家庭出租鲜花”的业务？

虽然有了这一想法，但是常静丹不知道该从什么地方入手。经过一天的思考，常静丹准备先对本市的新住宅小区做一番调查，看看到底有多少市民对这项鲜花出租业务感兴趣。在一个双休日的上午，常静丹来到一处新建成的居民小区，当常静丹敲开一家新入住的人家时，见到开门的男主人，常静丹问：“先生，你们家的阳台

需不需要摆放盆景鲜花？”男主人想了想说：“需要啊，可是我没那么多钱去买盆景鲜花。”常静丹对他说：“如果价钱很便宜地出租给你家摆放，你愿不愿意？”男主人很肯定地说：“那当然很好！你有盆景出租吗？”常静丹告诉他：“有！你需要的话，我完全可以满足你的要求。请看，这是我们店里的盆景鲜花图样。”说着，常静丹把携带在身边新拍摄的各种盆景照片递给他，男主人接过照片一一看了，随后他选中了其中的几张盆景鲜花样品：“那就给我送来这几盆花吧！”

走访了第一家就有收获，常静丹很高兴。接着，常静丹又敲开了第二个人家的门，尽管吃了“闭门羹”，可常静丹没有停止继续调查的工作。一整天下来，常静丹走进了不同地段、不同经济收入的市民家里做市场调研，从中了解到了许多市民对价廉物美又很实用的“出租家庭盆景鲜花”这项业务比较感兴趣。根据市场调查的结果，常静丹认为这项业务前景预计会比较好。

经过市场调查后，常静丹找到了“出租家庭盆景鲜花”这项生意的突破点，决定采用分区、分片攻下“堡垒”的方式。常静丹首先选择了一个新建成的住宅小区做试点，她来到这个住宅小区后，马上与这个小区的物业管理部门取得联系，商议的结果是：常静丹借用他们的场地作为代销点，在物业管理办公室的门口竖一块粘贴了各种盆景花卉图片的广告牌，并在图片的下方标上每盆花的出租价格，让住在此处的房屋业主自愿选择所需的“出租盆景鲜花”。广告牌摆放的第一天，就有两位业主给常静丹打来电话，一位姓韩的中年男子想到常静丹这儿出租一盆金桔、一盆滴水观音、一盆变色海棠、两盆兜兰和两盆紫薇花；另一位姓屠的老年人则看中了广告图片上的百合花、金丝菊、绿萝和红宝石。常静丹在接到他们的电话后，立刻把他们所需的品种在最短的时间里送到他们家中。

第二天，这个小区又有一位姓付的中年女人打来电话想要租四盆鲜花，常静丹又在第一时间把她所需的品种送到家。之后的几天里，常静丹每天都能接到想租盆景的电话。一个星期左右的时间里，常静丹已经在这个小区做成了27户人家的“出租盆景鲜花”业务。

在试点小区试验成功后，常静丹打算将“出租盆景鲜花”的生意推广到全市各新建的住宅小区。当然，常静丹知道，自己要把业务做大做强，光靠她和两名小店员是远远不行的，常静丹决定再招聘十几名兼职鲜花出租人员。于是，常静丹在市区公告栏上张贴了招聘兼职鲜花出租人员的广告，常静丹标出的待遇是每出租一盆花，业务员可以提成10元钱。只几天的工夫，常静丹需要的十几名兼职鲜花出租人员都来齐了。

再接下来的工作，就是让兼职鲜花出租人员按照常静丹要求的方式开展工作，在全市全方位地推出“出租家庭盆景鲜花”业务。常静丹作为“总指挥”，每天要调度盆花的进货、供货和对业务人员的监管工作。从“出租家庭盆景鲜花”工作全面铺开的那天起，常静丹就像上了发条的机器一样，夜以继日地工作，吃住在“原野鲜花店”里，有时晚上业务员谈成了业务，常静丹马上就要派人把货送过去。有一天夜里10点多钟，分管老城区的一位姓柳的兼职鲜花出租人员，给常静丹打电话说，今晚他谈好了一笔租用26盆花的业务，他告诉常静丹说，那位租用盆花的老板明天要到外地出差，老板想在今天晚上就把这件事搞定。常静丹接完电话后，即刻叫来一辆小货车，但是，因常静丹的店里已经没有存货，常静丹只得坐车亲自上苗圃去要货。到苗圃时，已是晚上11点多了，苗圃的负责人已经回家睡觉了。怎么办？常静丹当即让小货车开到苗圃负责人的家里，硬是把他从被窝里请了出来。当常静丹拉着26盆花赶到那位老板家里时，已是深夜了，老板非常感动。

“出租家庭盆景鲜花”的业务，随着常静丹的信誉度被认可而日渐红火。常静丹在做出租鲜花生意时，还要努力做好租后服务。由于常静丹在大学里是学植保专业的，所以对花卉的护理比较熟悉。有一次，一位租用了常静丹店里6盆花的“客户”打来电话，他告诉常静丹说，其中有2盆花这几天“打焉儿”，不新鲜了，他

不知如何是好。常静丹得知这一情况后，马上坐车赶到了这个“客户”家里，常静丹在仔细观察了这两盆花的“病情”后，立刻指导他如何对鲜花进行人工护理。过了几天，这位“客户”又打来电话说，他按照常静丹指导的方法对两盆花护理后，现在盆花已经“完全康复”了。

时光飞逝，常静丹做“出租家庭盆景鲜花”的生意已有三年多了，这一新的经营方式不仅给常静丹带来了丰厚的经济收益，还使常静丹在众多的竞争对手面前处于引领潮流的地位。

如今，常静丹把“原野鲜花店”扩大成了“家乡繁花出租有限公司”，公司在本市的连锁店就有12家，常静丹手下的业务员也增加到了72人。如果说常静丹是“窗台经济”的直接受益者，那么更多的受益者应该是这个城市的广大市民。五颜六色的鲜花点缀了城市里的各个家庭，她让这个城市更加美丽、更加绚丽多彩！

财富感悟

故事中的主人公创办了“出租家庭盆景鲜花”业务，从这一项业务的性质来说，有以下特点：(1)成本适中，只需要租一间小的场地，采购一些新鲜花卉；(2)经营者要有一定的社交能力；(3)薄利多销，回报率稳定；(4)经营者需要懂得一些花卉栽培技术。

财富点拨

现在随着人们对生活品质的要求越来越高，租赁花卉装扮家庭成了人们的一个新选择，而且很多家庭都选择相对实惠的鲜花盆景长期租赁业务，占到了花卉租赁总业务量的60%左右。

对喜爱鲜花盆景的居民来说，只要每月交纳一定的租金，挑选中意的花色品种，其余的都由花卉租赁公司代劳，这是一种简单易行的买卖。一位居民这样描述自己租花的情况："一盆杜鹃花租一个月20元，一盆米兰10元，也有几块钱一盆的花。一年算下来，虽然租花比买花要贵些，但省了不少心，打个电话就有人上门养护，还可以定期更换，很值得。"

第二篇 大胆创意

一、租个小岛建蛋屋，赚足城里人的钱

财富话语

随着社会节奏的加快，物价上涨，房价居高不下，让人们越来越感受到沉重的生活压力，不少年轻人只好选择逃离大都市。湖南益阳的一个姑娘，想通过自己的创意，让都市里的白领们找到一个真正属于自己的小窝，她会成功吗？她真的能让为工作、为生活奔波劳累的人们找到一块精神上休憩的乐园吗？

1.租个小岛，大胆创意

周纯从湖南某商学院毕业后，进入深圳一家建筑公司做文员。三年后，她跳槽到一家著名外资公司做销售，月薪4000元。老总向她承诺，只要好好干，就会提拔她做部门主管，到时候，月收入就能有8000元了。有了老总这句话，周纯把所有精力都放在工作上，每天早出晚归，忙的时候干脆以办公室为家，就是这样的工作强度，周纯却也没少挨批评，因为压力过大，她的头发开始一把把地脱落。

一天，周纯和同事张军一起去办事。为了省钱，她并没有乘坐出租车，但因连日加班，精神疲惫，在路上晕倒了。同事赶紧把她送往医院，所幸没有大问题，医生嘱咐她要多休息。

从医院出来，谈及前程，两个人都感到迷茫，现在这样上班压力大，还挣不到大钱。张军是湖南大学毕业的学生，来深圳后，到了周纯所在的公司做销售，每月也能拿到5000元，但他们感觉到自己那点工资根本不够在深圳买房及养家的开销。

不久，两个人恋爱并准备结婚了，张军父母希望他们能在深圳买套房子。他们看了无数个楼盘后，感到有些绝望，因为在这个高房价的城市，凭他们自己的收入，可能需要一百年后才能买得起房。“我不想蚁居在城市偏远的角落，不想把辛辛苦苦挣来的工资给了房东，又不想每天将两三个小时用在挤公交车上，但在高房价的现实面前，所有的希望全都落空了。”张军顿了顿，说：“我真的想拥有一个属于自己的家，不必太大，能够遮风避雨就行。”其实周纯也很想有一个自己的“小窝”。

有一天，周纯听同学说，有一个老乡叫戴海飞，他在益阳造了个蛋屋，准备运到北京去。周纯也是学建筑出身的，听到这个消息后，不禁灵机一动，这不就是自己苦苦寻觅的机会吗？她把自己的创意说给张军听，两个人一拍即合。可是在地贵如金的深圳市，到哪里去找一块可以放置蛋屋的地方呢？

一周后，两个人参加深圳岛屿自助游活动，到达大辣甲岛后，周纯惊奇地发现岛上有三个沙滩，还有度假村及水上游乐设施。游客不仅可以在海水中嬉戏、潜游，而且还可以在沙滩上扬鞭策马，由于开发的时间较长，岛上的休闲、游乐项目比较成熟。

在离大辣甲岛仅200米的地方还有一个小岛，占地5亩左右，两个岛之间有游船往来。

周纯一看乐了，这不就是自己所理想的地方吗？她立即对张军说：“对，我们就租下这个小岛建我们自己的乐园。”

经打听，周纯得知这个小岛属于惠州市金马村管辖，岛上目前并无居民居住，是个理想的建造蛋屋的好场所。俩人当即决定，就在这里建造一个城市白领的精神乐园。

当周纯准备拿出她打工赚下的3万元投资建造蛋屋时，父亲气得指着她的鼻子说：“一个女孩子，不好好工作，尽想些疯玩意儿，谁敢娶你啊。”很快，周纯要建蛋屋的消息在公司传开了，不少人都讥讽道：“我看，她是脑袋进水了，谁会放着好好的房子不住，去住她的蛋屋。”可是，周纯仍然一意孤行。

不久后，周纯飞到北京，向老乡戴海飞讨教建蛋屋的具体细节。回到深圳后，她着手研制自己的第一个蛋屋。经过一个月的努力，第一个蛋屋终于造成，并很快运到了大辣甲岛。

蛋屋采用钢架结构，主体材料是竹子，因为是纯手工制作，结构别致，蛋屋一经推出，就吸引了很多游客的眼球。多数人是来看稀奇的，也有人为商机而来。杨四海在深圳一家投资公司上班，听到有人造蛋屋的消息后，连夜赶来，他说，造蛋屋是他多年来的梦想，他还曾经用稻草做过一个，既温暖又环保，可惜因为资金问题没有继续下去。他希望能和周纯一起谈合作的问题，当然前提是这种蛋屋有良好的市场前景。

财富感悟

南漂族要想在深圳特区拥有一套属于自己的房子，确实难乎其难！可文中的女主人公却得知有人建造蛋屋获得成功，受到启发的她决定把自己的蛋屋建在特区附近的小岛上，这一大胆的做法，让她成为了真正的“特区人”。

2.绿色低碳、休闲度假

三周后，周纯已经制造出了三个蛋屋，她请了两个服务员来负责打扫卫生等服务工作。由于蛋屋里没水，她只好请服务员担水来服务顾客。一天，蛋屋来了三个客人，可是住进去才三个小时，客人们都怒气冲天地跑了出来，怨声载道地说："这也太简陋了吧，什么都没有！"这些游客说完，头也不回地走了。就这样，蛋屋开张10天了，一个客人都没入住。

国庆节，周纯和她的朋友们在深圳火车站搞了一个"回归自然，绿色低碳"的宣传活动，此招果然有效，终于有三名年轻人答应前来住宿。第二天一清早，旅客们便抱怨说："没水没电，还不保暖，害我冻了一夜。"这事传出后，原本支持周纯的一些朋友也开始冷嘲热讽起来，有的甚至干脆叫她"蛋人"。

为了解决这个问题，周纯立即向杨四海取经，在他的指导下，花了两天时间，在蛋屋的外围添加了压缩稻草，解决了保温问题后，周纯又盖了一间公共浴室和一间公共洗手间。

随着公共设施的完善，来她这里的游客也是越来越多，三个蛋屋已经供不应求，价格也从最初的一个小时10元，涨到一个小时20元，但前来预订的人依然是络绎不绝。

看到周纯的蛋屋得到了顾客的认同，杨四海也履行了他的承诺，投资100万元再建20个蛋屋。

为了更好地吸引顾客，周纯制作了一批宣传单，请了五个大学生，在火车站、汽车站、步行街等繁华地区发放宣传单，她在宣传单上这样写着："生命只有一次，岂能浪费，拒绝高房价，回归大自然，让心在蓝天白云里翱翔……"广告打出后，城市里的白领都沸腾了。

一个月后，广州某杂志社搞了一次"放飞心灵，绿色低碳"的户外旅行活动，终点站就设在蛋屋所在的小岛上。当一行20人来到小岛上，这群过惯了都市生活的年轻人一上岛就大叫不已："这简直是世外桃源啊！"随后，他们提议，把这里当成他们杂志社永久的活动基地。

接下来，他们开始在岛上闲逛起来，晚上，又搞了个篝火晚会，唱歌跳舞，好不悠闲自在。一个编辑给周纯敬酒时说："在都市生活，紧张的压力会让自己无所适从，有时真想回老家，盖个房

子，种几亩地，就这么过了，但又觉得太不思进取了。你这个创意真好，既纾解了我们的压力，又充实了业余生活，让生活变得有张有弛。这才是我们所向往的美好生活啊！”离开前，他还向周纯建议，可以把出租形式变得灵活一点。周纯采纳了顾客的意见，她将蛋屋分成了两种：一种是年租；另一种是日租。短短一周里，她的十个年租屋就全部租了出去。尽管价格不菲，但依然有人为租不到而惋惜。

到年末，周纯的23个蛋屋已经满足不了顾客的要求，经与杨四海商量，又建了10个蛋屋。这10个蛋屋都是由压缩稻草制成的，非常保温，而且为了改善环境，周纯给每个蛋屋都配了一台笔记本电脑。

财富感悟

蛋屋里藏着商机，这虽然不是女主人公的初衷，但却给她带来了意外的财富收获。“放飞心灵，绿色低碳”是现代人向往的美好生活，蛋屋顺应了人们的心理需求，所以也就拥有了一定的市场。

3.服务到位，蛋屋走红

不久，周纯经营的蛋屋已经转亏为盈。有一次，一个年租的客人找到周纯说，在这里住久了也会感到无聊，能不能提供一些钓鱼、种地等之类的活动，这样不但丰富了生活，而且增添了度假的乐趣。周纯立即投资了10万元，在岛上移植了50株桃树，又开出了两亩地，把购买来的花、菜种子撒在田间地头，还挖了一口小鱼塘，在里面放了1000尾鱼。这样，以后到海岛上休闲的客人，就能真正享受到快乐生活的乐趣了。

为了保证给入住蛋屋的人有一个舒适、安全的环境，周纯拟了十条告知——告蛋屋居民书，内容涉及环保、安全和礼仪等。

为了更好地为顾客服务，周纯还在每个蛋屋里配了一本留言本。有一次，一个叫“沉默是金”的顾客留言：“住蛋屋虽然舒服，但是卫生间太少了，要是能多几个独立的卫生间就方便多了”。一周后，周纯在海岛上添置了5个独立卫生间，上厕所、洗澡排队的情况得到了根本解决。

为了丰富顾客的夜生活，周纯还建了5个巨大的蛋屋，每个蛋屋可以容纳50人，里面设有桌球、咖啡室、电影院、麻将馆、超市等。一对前来度蜜月的夫妻说：“来这里度假，什么都有，赛过人间天堂，真值！”

目前，周纯的蛋屋已经成了深圳市一个新的旅游热点，成了许多都市白领、情侣在周末、假日或者长假休息的一个乐园。在短短的几年时间里，她凭借这个创意，已经有了几百万家产，奇迹般地改变了人生的命运。

财富感悟

既然发现了商机，就要去实施，把它变成财富的源头。女主人公不仅这样做了，还根据顾客的需求，不断完善业已成型的蛋屋，把它做大做强。

财富点拨

周纯的成功经验告诉我们，要想赚城市人的钱，应投其所好，满足他们的猎奇和体验心理。周纯的蛋屋，就是利用这一契机，既保留了都市人的生活情趣，又让他们的心灵得到了彻底放松，成功开创了自己的事业。希望她的打拼事业，能带给你一点有益的启发。

二、快乐女靠“酒店试睡”月入万元

财富话语

庄菁，1992年出生于上海。2015年12月初，心情郁闷之极的她去开心网“溜达”时意外发现一个转帖，说是“睡睡觉就能拿万元月薪，号称史上最舒服的工作。”庄菁一开始也不相信，于是找到该公司网站看了看，见确有其事，就抱着试一试的想法报了名。

通过三轮严格的考试，庄菁最终从7000多人中脱颖而出，和其他2名面试者一起，成为了首批入选的3名“酒店试睡员”。

庄菁要做的工作其实很简单，就是挨个住酒店，然后撰写住店评论。每一次任务，庄菁都会认真完成，她细致生动的点评，赢得了大家的一致赞同。

在好友的建议下，庄菁在网上开起了微博，她的工作，也引来了众多网友的热议。

1. 勇气，一篇帖子的华丽转身

庄菁是一个90后的上海女孩，毕业于某政法大学，可是在这个就业竞争几乎残酷的社会里，找一份自己喜欢的工作并不那么容易。庄菁在人才市场跑了三个月，最终才找了一份在一家旅行社担任国际交流项目助理的工作，但这份工作和她的专业根本不对口。

有一次，她连续加了三个昼夜的班才完成的报表，只是因为一个数据错误，刚睡下的她就被勒令必须回到办公室重新做。那时，已是凌晨三点，欲哭无泪的庄菁只好坐出租车赶回办公室。这一加班，就到了上午十点。虽然报表最后通过了，但庄菁还是被狠狠训了一顿。

庄菁本想反驳，想了想，还是忍住了，回到家，她哭了。没功劳也有苦劳吧。想到自己一直辛辛苦苦地工作，换来的却是这个结果，庄菁想到了辞职，离开上海，去外地。她想到一个陌生的城市里去闯荡，就算是流浪，一个人的痛，也没有人看到。可是她又舍不得，这里毕竟是她的家，有那么多亲朋好友，有那么多关心她的人。

一周后，庄菁和同事花了三天做的一个业务方案，又被毫无理由地否定了。那天晚上，心情郁闷的她坐到了电脑旁，本来想放松一下心情，却被开心网上转帖的一个雷人新闻吸引住了。打开“去哪儿网”的招聘广告，庄菁的眼球被吸引了过去，“上班不打卡，酒店轮着住，月薪上万”，庄菁笑了，真有这么轻松的工作吗？按照网站提供的邮箱，庄菁交了一份自己刚做的简历和3篇以上酒店点评和图片。

庄菁当时投这份简历，纯属一种无聊的发泄，已经被训斥得失去了方向的她，想尝试一下重新找工作的激情。但是她没有想到，就是这么一份简单的帖子，却让她的生活有了一个华丽的转身。

财富感悟

有时候，在职场不如意时，却偶然遇到了另一个机会，这时候，你要抓住这个机会，试试自己的运气，没准就会像文中的庄菁那样，来个华丽的转身。

2.新鲜，酒店试睡员横空出世

没想到，仅仅三天后庄菁就接到了“去哪儿网”的电话。打电话的是一个中年男性，对方问了她很多问题。庄菁本来就是一个喜欢游玩的人，而且她还有一个“习惯”，走到哪就拍到哪，还用笔记本记下来，这个习惯还受过很多人鄙视，说她作秀、瞎拍。就是这么不被大家看好的习惯，此时却让她的回答从容自如。

听着庄菁滴水不漏的回答，中年男子高兴地说：“你相当不错，等消息吧。”

一个月后，庄菁再次接到“去哪儿网”某领导的电话，告诉她已经成功入围了136强，接下来她要做的就是利用网络和电话为自己拉票。当得知有10个人能去北京参加最后的比拼时，庄菁的心里激动了一下。她忽然想，找一份自己喜欢的工作，不正是自己这么多年来的心愿么？现在有一个机会摆在眼前，干吗不去争取一下呢？

想到便做，当天晚上，庄菁便把“去哪儿网”的链接一条条复制给自己的亲朋好友。虽然有很多人支持，但也有不少人提出了疑问：“睡觉也能赚钱，还是万元高薪，你做梦呢吧？小心被忽悠啊！”父母也劝她：“现在网络上的骗子很多，会不会是传销陷阱啊？”为了打消大家的疑虑，庄菁在“去哪儿网”上找到了该网站的详细地址和电话。看着事实摆在眼前，大家才打消了疑虑。

第二天，庄菁去“去哪儿网”的投票专区看时，惊奇地发现，自己的照片和贴上去的一篇酒店评论已经有了200多人的回帖。有一个人跟帖说：“小庄，你就是那个大众点评网上的美食评论家吧，很喜欢看你的点评，你放心，我和我的朋友们，会大力支持你的。”

看着大家都这么支持，庄菁暗自下定决心，好好为自己争取一下。一方面她恶补酒店管理知识；另一方面利用休息时间，把自己在各地曾住过的酒店认真梳理了一遍。在一篇评论中，她这样写道：“最喜欢的就是他们酒店的浴莲蓬，爽极了！有吸顶灯那么大。那感觉，就像刘德华在演唱会上唱《冰雨》那个场景，‘冷冷的冰雨在脸上胡乱的拍’……”

文章传上去的第二天，立刻引起了大家的跟帖讨论，庄菁的邮箱每天都能收到很多网友的来信，她都一一热心回答。有一次，一个叫“枫”的好友给她留言，说想把农村里的父母接过来住几天，希望能帮她推荐一个既舒服、又价廉物美的酒店，庄菁当即推荐了一家非常棒的国际大酒店。

庄菁忽然发现，在这种与网友互动的交流中，她不仅学到了很多东西，还可以帮助别人。渐渐地，她喜欢上了这样的生活方式。庄菁有一次因为咳嗽发烧，住进了医院。当得知庄菁病了，许多网友发来短信，盼望着她能早点出院，并且能在即将举行的决赛中独占鳌头，庄菁非常感动。两天后，庄菁正在医院里输液，电话突然响了，一看是010开头的北京电话。果然不出所料，是"去哪儿网"通知她去北京参加最后的面试。当得知能报销来回车费，还外加一周的免费旅行后，庄菁立刻高兴得跳了起来，按捺不住激动的心情。她对陪在身边的母亲说："我要去北京了！"母亲还是有一些犹豫，说："这样一份工作，你觉得做起来开心不？如果你觉得开心，我和你父亲都会支持你。"庄菁说："酒店试睡员不仅是一份非常舒服的工作，而且还是一份很有价值的工作。"她告诉母亲，全国每天有成千上万的异地出行人士在线搜寻最适合他们住的酒店，除了关乎酒店的服务质量、地理位置、硬件设施，以及性价比等选择条件之外，还有很多的细节需要考虑，而这些都需要"酒店试睡员"最直观的体验与最无私的分享来完成，为全国广大出行人士提供更精准的经验指导。听了这些，母亲才喜笑颜开。

不久，庄菁坐上了去北京的高铁。

稍作安顿后，10名面试者开始接受任务，入住5家北京的连锁酒店，深入体验酒店的各个环节，用心观察并给予客观的点评。"去哪儿网"领导一再告诉大家："要开通微博，把所有的点评都放到网上。"但庄菁并没有把这次试睡当成一场激烈的竞争，而只是当作一次普通出门旅行而已，也正是这种良好的心理状态，让庄菁的点评更细致和客观。

一周后，庄菁回到了上海。一切又恢复了常态，在庄菁的心目中，这只是一场美好的梦而已，唯一有所改变的，就是她对微博上瘾了，开始把自己生活中的小感想、小事情都往微博上发。没有觉得度日如年，也没有觉得过日子如流水。

一天，庄菁接到通知，让她去北京与"去哪儿网"签订万元月薪待遇的劳动合同，同时还将成为中国某协会的"职业酒店试睡员"。

财富感悟

尝试一份新的职业，对求职者来说，无疑是一种新的挑战。正如文中的庄菁那样，在体验“酒店试睡”的过程中，她也感受到了新职业的魅力。

3.成功，快乐与财富双丰收

正式成为酒店试睡员后，庄菁并没有半点轻松，因为她知道她的工作并不是听从公司的调度，去住酒店，然后写个评论交差了事。她要做的，是需要去了解很多信息，那么多需要住酒店的人，他们的需要是什么？什么样的人需要怎样的酒店？他们最想知道的酒店信息是什么？然后再根据他们的需要来选择要去住的酒店。这个过程，其实很考验一个人的能力——发现问题的能力、调研的能力、沟通的能力等。

为此，庄菁整整花了两周时间，在大量采集调查问卷后，她制作了一份周详的世博会旅行参考指南。这份指南因为综合了不同人群的需要，一问世，就受到了网友们的追捧。

不久后，庄菁果断行动了，一个人、一个背包，来到了杭州。庄菁试住的是杭州一家连锁酒店的朝晖店，为了方便“找茬儿”，庄菁以普通游客身份登记入住了。刚进房间，庄菁就迫不及待地找了起来，床上的被单是否够整洁，洗手间里是否有残留的头发，电视的效果怎么样……可让庄菁失望的是，这家酒店的服务很到位，她检查了半天，依然一无所获。

直到第二天吃中饭后，她却找不到回房的路了，因为那里没有标注相关的指示标志，她四处转悠也找不到出口，直到在工作人员指引下，她才顺利回到了自己的房间。她把这些都写进了自己的点评里，算是此行的一个收获了。

之后，庄菁又去了杭州某民宿酒店和上海某大酒店，每次试睡，她都给予了一个公正、客观的评价。让她惊喜的是，她在上海某大酒店虽然是以一位孩子的妈妈身份入住的，但还是被细心的员工发现了。当退房时，酒店经理亲自来送她，握着她的手说："欢迎你的到来，欢迎给我们提意见，其实你和我们都一样，目的都是希望让旅客住得舒适。"让她感动的还不止这些，她入住南京一家酒店时，就遇到了一位特殊的顾客，妻子得了癌症，每天都在医院化疗，为了鼓励妻子振作起来，他拿着一张画布，到处收集别人的祝福语，因为顾客是外地人，该酒店就派专人给他带路，还免除了他的一切住宿费用。

她还记得有一对年轻的情侣，本来是想赶回青海完婚的，可是一场地震让他们变得无家可归。酒店的工作人员在了解情况后，立即给他们办了一场婚礼，庄菁作为伴娘也参加了，那是她这辈子看到的最特殊的婚礼。

通过一个多月的酒店试睡工作，庄菁明显感觉到了自己的进步：更有耐心、更坚韧，也更有爱心了。其中最大的改变，是人生价值观的改变。以前，她一直认为人生来就是为自己而活的，为自己考虑才是硬道理，而现在她觉得不仅自己要活得好，还要帮助别人活得好。她说："我们不能控制自己生命的长度，但是可以决定它的宽度和深度。"

财富感悟

对于未来，庄菁充满了信心，在好好经营自己的"酒店试睡员"工作的同时，她也准备拿起手中的笔，将来出本书，让自己的人生过得更精彩。正如她在微博里所说的："我没有背景，我就是自己最好的背景。"

财富点拨

"酒店试睡员"顾名思义就是试睡酒店，体验酒店的服务、

环境、卫生、价格、餐饮等多个方面，比如床垫软硬、空调冷暖、网速快慢、下水道是否畅通、淋浴水流是否过大等，调查后根据自己的感受写成报告，交给公司后在网上发布，为众多网友选择酒店提供借鉴。此外还需要收发、回复用户信件或问题，不定期地接受媒体采访；维护、更新个人博客内容，分享第一手酒店图片与影片等。

三、“爱情培训公司”，雷人创意带来滚滚财富

财富话语

在深圳，有一个姑娘，曾经下岗再就业，在一家超市里做主管，她心地善良，经常帮别人解决情感问题。后来她从中受到启发，开了深圳市第一家“爱情培训公司”，专门帮别人解决情感方面的危机以及恋爱的技巧。结果，凭借她那些独特、新颖的技巧，让很多单身男女都找到了心仪的对象，而她也因此赚了上百万元，她是怎么做到的呢？

1. 一个玩笑引发创业机遇

25岁的陈秋霞出生于湖南省湘潭市，她从湖南某职业技术学院毕业后就来到深圳打拼，先后做过记者、导游等工作，后来进了一家外贸公司做业务员，生活有序而平淡。然而，好景不长，一场突如其来的危机，陈秋霞所在的公司倒闭了，她也因此下岗了。

当时她和几个朋友蜗居在一个30多平方米的小房子里，生活虽然清苦，但陈秋霞没有丝毫抱怨，反而安慰身边的朋友要用积极乐观的心态看待未来。后来，陈秋霞应聘到一家大型超市做主管，由于她头脑灵活，交际能力强，加之有着一副热心肠，很快就得到

了大家的一致肯定和拥护。

陈秋霞新认识的一个朋友是湖南的，来到深圳后找了一份销售员的工作。由于性格内向，一直都没找到合适的对象。陈秋霞便自告奋勇地答应给他介绍一个女朋友。凭着良好的人脉关系，陈秋霞很快给他物色到了一个善良的湖南女孩，凑成了一对有情人。后来她又成功地给几对男女青年做了介绍，陈秋霞的热心让认识、熟知她的人大为赞赏，不少接受过她帮助的朋友纷纷说："秋霞真是个好红娘，心地好，又热情，真是我们单身男女的福星啊！"

渐渐地，陈秋霞"好红娘"的名声传开了。有一天傍晚，陈秋霞下班回家，刚到门口，便被一阵吵闹声吸引了过去。吵架的是一对准备结婚的男女青年，这本是别人的家务事，但热心肠的她也没管那么多，赶紧跑过去调解。听完女孩子的诉说，陈秋霞才明白，原来两个人是为房子问题起了争执。女方坚持要求男方在房产证上写上她的名字，而男方则坚持要求女方出装修的钱，双方各执一词，互不妥协。

陈秋霞做了一个小时的工作，两个人的情绪才渐渐稳定下来，然后陈秋霞把两个人带到家里小坐。陈秋霞对男人说："她一生都交给你了，你还有什么不放心的呢？在房产证上写上两个人的名字，也是对她负责啊。"接着，又对女孩说："婚姻不是一个人的事，要靠两个人共同经营，既然他都愿意婚后把财产大权交给你管，你又何必再计较眼前的利益呢？"经过"好红娘"细心、多番的思想工作，两个人重归于好。结婚那天，小两口特意请陈秋霞做婚礼嘉宾，又花1500元给她买了一个黄金戒指，陈秋霞不肯收。男生便笑着说："大姐，今天是我们大喜的日子，这个礼你一定要收下，要不是你当初苦苦劝说，哪有我们的今天？我心里非常感激你。"盛情难却，陈秋霞只好收下了。

喜宴上，有人开玩笑说："既然你有那么多资源，为什么不自己开个情感培训公司呢？给自己打工远比给别人打工强多了。"说者无意，听者有心。那一晚，陈秋霞辗转难眠，心想：如今，在快节奏的生活中，很多人只顾忙着工作，失去了寻找另一半的机缘，

有些男生甚至连怎么追女生都不知道了，如果能提供一个平台，既教给他们一些技巧，又培养他们的自信心，不是一举两得的好事吗？

财富感悟

人脉资源可以带来财富，这在本文中得以体现。女主人公在热心帮助别人的过程中，偶然发现给人做“红娘”也能带来财富，于是，她准备利用自己手上的人脉资源，给更多需要的男女做“红娘”。

2.“爱情培训公司”横空出世

一次，陈秋霞找到几个同学，大胆提出了她创业的想法，立刻得到了他们的赞同。同学罗素说：“如果把目标都定在单身人群里，大家都是年轻人，思想活跃，这生意肯定好。”杨丹说：“我们可以慢慢来，先成立一个培训中心，等时机成熟了，再正式成立公司。”

很快，陈秋霞在火车站附近租下了一个38平方米的门面房，置办了一些基本的办公设备后，挂出了“爱情培训中心”的招牌。

为了做好宣传，那段时间，陈秋霞早出晚归地去跑业务。晚上还要上网搜集恋爱技巧，并将生活中的一些恋爱故事做成案例，然后整理成培训教材。

刚开始，陈秋霞每天都往公园、广场跑，看到年轻人就和他们聊天，然后推销自己的业务。然而，跑了三天，响应者还是寥寥无几，许多年轻人听了她的介绍，纷纷摇头说：“谈个恋爱也要办培训班，这也太雷人、太没出息了吧。”

后来，陈秋霞将目光转向白领单身人士。为了扩大宣传效果，陈秋霞印制了一批广告宣传单，上面写道：“事业有成的你，是否还在为单身发愁呢？是否还在为追不到自己心仪的对象而忧虑呢？

那就让我来帮你解决这个问题吧，只要一个月的时间，你就知道如何结合自身的条件和优势追求女生。如果半年内不成功，保证全额退还培训费……"

果然，一周之内，陈秋霞就接到了数百个电话。来自河南的杨先生在一家外企做主管，在深圳还买了房，但感情问题一直是他心中的痛。他曾苦苦追求一个女生，本来那个女生对他也有好感，可后来不知道什么原因，那女生对他越来越冷落，这段感情让他很受伤。陈秋霞非常同情地跟杨先生说："你之所以没有追到，不是因为你们没缘，而是你太不懂女孩子的心了。"杨先生爽快地说："只要能学到怎么讨回她的芳心的方法，付再多的钱我也愿意。"

短短一周内，陈秋霞已经吸引了三十多个白领男士报名参加，她又高薪聘请了两名心理学专家。陈秋霞把培训分成了三个阶段。首先是初级班，主要是理论方面，比如教男士学习女性心理，如何摸透女孩的心思，教男士听懂女孩的弦外之音；其次是中级班，主要重实践，让学员通过现场模拟和女生聊天、交往，迅速掌握恋爱方法；最后是高级班，参加包括理论知识、实践训练等全部课堂教学课程，并增加形象设计、搭讪、约会、夜场等单独训练。学员可以循序渐进地参加培训，也可以自由选择课程。

上完课后，陈秋霞让学员开始有的放矢地去寻找自己的对象。两个月后，真的有十多个人找到了自己心仪的对象。参加了高级培训班的小周说，原来我以为恋爱是没什么程序的，上完课后，发现恋爱过程中其实有很多技巧，什么时候应该牵手，什么时候可以亲吻，让我晓得了"该出手时就出手"。

就这样，陈秋霞的"爱情培训中心"名气越来越大。到第二期开班时，有十多位白领女士也报名参加了，她们的口号是：为了爱情，该出手时就出手。

到了年底，陈秋霞和同学罗素合作，注册成立了深圳市情感培训服务有限公司。从此，她由一个下岗女工成了公司老板。

财富感悟

创办“爱情培训中心”有许多琐碎的事务要处理：租场地、做广告宣传、邀请心理专家、招聘顾客等，这些都必须一一落实。

3.给情侣培训带来百万家产

公司成立后，陈秋霞增添了新的培训设备和人手，又租下了旁边的两个门面，扩大了经营规模。她还建立了顾客档案，并及时追踪，每个季度她都将顾客的信息仔细进行清理，总结经验，提高自己的服务水平。她还选择在七夕、国庆等节日，给顾客送去温馨的祝福，比如一封邮件、一条短信或者一个电话。

这些温馨的举措收到了很好的效果，给陈秋霞带来了大批忠实的顾客。

陈秋霞还把公司二楼一边的墙做成了“心声墙”，每个前来培训的顾客都可以在心声墙上书写自己的感受。虽然只是一些小小的举措，却催生了一大批忠实的顾客。每天，都会来很多人，把陈秋霞的公司挤得水泄不通。

一日，一个叫小乐的姑娘走进了陈秋霞的办公室。小乐在一家外企做事，三年前交往了一个男朋友，可是越谈越没感觉。小乐说：“我也不知道为什么会这样，明明两个人彼此深爱，但又越来越受不了对方，没有了激情，只有日复一日的吵架，我累了，他也累了，你说怎么办？你们能开展情侣培训的业务吗？如果能让我们和好如初，花再多的钱我们也愿意。”

陈秋霞一听，乐了，这不就是自己事业拓展的机会吗？

不久后，陈秋霞便应势推出了情侣培训班。这个培训班也分初级班和高级班。初级班主要是讲相处技巧和方法，高级班主要是针对分手危机的处理和方法。此外，陈秋霞还设立了一个工作室，专门让情侣体验分手后出现的各种情景。

当然价格也随之有所不同，少则50元一天，多则100元一天。因价格合理，培训到位，陈秋霞推出这项服务才一周，前来参加培训的情侣就达三十多对。

一次，陈秋霞在深圳大学举办了一场“正确对待感情与物质主义”的大型座谈会，共有三十对情侣参加。在座谈会上，一个名叫刘为民的男士说：“以前我一直以为交了女朋友，女朋友就属于我的了。但是，我们在两个城市生活、工作，我生怕她变心，便每天要她向我汇报。有时我一天都要打上十多个电话，还常常悄悄跑过去查她的岗。现在我才知道，她因此很不快乐，如果不是我这么不相信她，她也不会向我提出分手。在此，我向她赔礼道歉，今后我一定改正，一定按照陈老师说的去做，信任她，并且好好疼她。”而刘为民的女友张惠敏也说：“其实我现在才明白，小刘也很苦，他工作压力大，还要时刻担心着我，他真的很不容易。我以前一点都不体谅他，今后我会好好改。”张惠敏说完后和男友紧紧拥抱在一起，台下响起雷鸣般的掌声。

就这样，通过开展各种各样的特色活动，陈秋霞的“爱情培训”事业做得越来越红火，两个月后，她开始在广州和汕头设立培训分场。更重要的是，她也顺利找到了自己的真爱，男朋友唐宝民也是来参加培训认识的，并对她一见钟情，在他的凌厉攻势下，不到一个月，陈秋霞就“弃甲投降”了。

一天，陈秋霞粗粗结算一下他们公司的经营收入情况。在一年多时间里，他们总共有10名员工，累计实现营业收入138万元，减去房租、材料等必需成本，他们赚了将近100万元。

同时，陈秋霞在深圳贷款买了一套两室两厅的房子，准备把公公婆婆一起接过来住，大家一起过幸福安康的日子。

财富感悟

创办“爱情培训中心”，从经营的实际需要出发，办公地点的位置不是那么重要，只要交通便利就好。同时，安静的环

境可以方便老师的授课、学员的聆听，以及两者之间的交流与互动。另外，由于参加婚前培训的消费人群大多为有一定经济实力的年轻人，所以可以适当考虑靠近高级写字楼和高级住宅小区。

财富点拨

对于婚恋，多数人毕竟没有太多经验，有人说找伴侣就像选股票，没有眼力的人选的是经过包装的垃圾股，有眼力的人则会选有潜力的“黑马”股。所以，爱情培训公司就专门教人练就眼力，学会从对方的综合情况来分析、衡量、判断，最终选择“潜力股”。

四、“情趣农庄”打开财富之门

财富话语

如果你手里拥有了一小笔流动资金，你会打算做什么呢？炒股，还是开家小店？也许你会觉得在现在竞争激烈的环境下，做什么生意都很难，因为竞争实在是太激烈了。可是湘潭有一个年轻女孩别出心裁地开了一家“情趣农庄”，每个月获利上万元。“情趣农庄”里到底有一些什么吸引人眼球的东西呢？她到底用了什么办法，竟能把一个冷门的生意经营得如此红火呢？

1.巧妙构想，开家“情趣农庄”催生新商机

22岁的谭妙灵是湖南省韶山市天石镇人，大学毕业后，进了一家私立学校当老师，因为压力大，工资低，不久后谭妙灵就辞职了。次年，在朋友的建议下，谭妙灵借了2万元开了家小精品店。但由于经营理念不到位，生意惨淡。半年后，谭妙灵只得将精品店低价转让给别人。后来，谭妙灵进了株洲一家公司做文员，虽说是过上了朝九晚五的生活，但由于职位低，她的薪水也少得可怜。迫于无奈，她只得租住在公司附近的一间地下室里，尽管条件艰苦，但积极乐观的谭妙灵一直深信，她一定能通过双手改变自己的一切。

一年后，谭妙灵便从朋友那里得到消息，位于韶山的一家农庄因为经营不善而破产，正在低价出租。谭妙灵喜出望外，她知道自己的机会来了。当天下午，谭妙灵便赶到农庄，凭着三寸不烂之舌，硬是以每年6000元的低价租了三年。随后，谭妙灵聘请了几个人，对农庄进行了彻底改造，初步形成了以休闲、度假为主的农家乐形式。为了扩大影响，谭妙灵印制了一批传单，专门在高校、超市和公园发放，随着名气逐渐扩大，再加上饭菜味道不错、服务周全，谭妙灵的生意也慢慢好了起来。

一次，谭妙灵接待了一批湖南某职业院校的老师。尽情游玩之后，有个老师百感交集地说：“现在生活节奏那么快，压力也大，真怀念以前童年的生活，有吃有玩的，无拘无束。”老师的话突然提醒了谭妙灵，她想，现在人们生活压力那么大，每个人都希望能通过合适的途径解压，自己是否能针对这些人提供适当服务呢?

谭妙灵通过市场调研后不由信心大增，她把农庄后面的三间空闲房子利用起来，改成了游戏室。第一个小间是女生室，里面设有跳皮筋、跳房子、踢毽子、折纸飞机4个游玩项目；第二个大间是男生室，内设滚铁环、抽陀螺、吹肥皂泡、打弹珠、拍洋画、丢沙包6个游玩项目；第三个房间内设水枪、涂鸦、捏黄泥巴3个游玩

项目。谭妙灵买来游戏道具，又在墙上贴了各种游戏的玩法，还在农庄的空地上设置了风筝台。

谭妙灵又新购了许多鱼苗放在池塘里供客人垂钓。做好这一切后，她又重新设计了一批广告宣传语：“你想重温童年，体验前所未有的新奇感觉吗？那么你就来这里吧。这里有你童年所玩过的一切，让你在玩乐中重回过去的时光，让你在无拘无束中得到最大的放松，真实体验人生的乐趣。”

本来谭妙灵的农庄在湘潭就颇有名气，这番广告打出去后，尤其是那些在农村里出生的城市人，非常想重新体验童年的乐趣。他们纷纷慕名拜访，机灵的谭妙灵又把他们欢乐的照片刊登在《湘潭晚报》上，这样一来，顾客都快挤破门了。

“五一”节，很多家长带着孩子到谭妙灵的农庄来玩。一位叫李为名的家长对谭妙灵说，以前孩子只知道看电视、玩游戏机，现在有了这么个好地方，既可以让孩子尽情玩乐，大人们也可以重温孩童时代曾经玩过的快乐游戏项目。那天，李为名带着孩子玩滚铁环、打水枪，玩得开心极了。临走时，孩子还意犹未尽地对谭妙灵说：“姐姐，真想不到我爸爸那个年代玩的东西比我们现在玩的还多，太高兴了，以后放假，我要带我的同学来玩。”

不久后，谭妙灵接到了窝窝网团购的意向书。当时谭妙灵的农庄还没推出这项业务，但考虑到对方是有名的团购网站，谭妙灵毫不犹豫地答应了。一周后，组团的第一批顾客到了，不巧的是，农庄的厨师不是病了就是请假了，没人做菜。谭妙灵只好亲自操刀，看到谭妙灵气喘吁吁炒菜的样子，许多人伸出大拇指说：“你这老板没架子，讲诚信，实在。”听了这番话，谭妙灵感到无比自豪。

也正是这种做生意的诚信，让谭妙灵的农庄有了大批的回头客。就这样，来谭妙灵农庄的顾客越来越多，甚至其他餐厅的老板也过来尝鲜、学习。

财富感悟

女主人公抓住了人们怀念童年生活的心理，在自己创办的项目中，增设了充满童趣的游戏内容，她的这种投其所好的经营方式，给她的农庄带来了好名声。

2.“情趣农庄”引领都市新潮

“情趣农庄”开业一年半，谭妙灵算了一下账，她已经净赚了约30万元。假期结束后，学生流虽然过去了，但是还有成年人和白领职员照常来，因为高节奏的都市生活压力大而且乏味，来农庄玩，既能吃到美味佳肴，又能重温久违的童趣。

一位顾客说，他家是四川的，想吃到一些四川特色的菜肴。谭妙灵采纳了这个建议，高薪聘请了两个精通南北菜肴的厨师。

为了吸引更多的顾客，谭妙灵不断琢磨新点子，比如经常组织各种各样的比赛，获奖者奖励现金消费券；带一个新朋友来，便奖励10元。有了这样的优惠措施后，来玩的顾客更多了。当这些“好处”一传十、十传百地传开后，甚至还有一些人也带着自己的父母来寻乐趣。

在农村长大的刘乐，是湘潭市一家上市公司的经理，听说谭妙灵的农庄好玩，也忍不住带着自己部门的员工来谭妙灵的农庄玩，他还组织公司的员工玩起了水枪比赛。他后来成了这里的常客，还把自己的亲戚朋友也介绍过来。玩过了童趣，也体验了好吃的佳肴，很多人对此津津乐道，也成了这里的常客。

有一次，刘乐对谭妙灵说：“你这里童趣是有了，但是情趣还不够啊。”谭妙灵心想：“是啊，如果老是这些项目，新鲜感过了，玩腻了也就不想再来了，是应该增添点新的乐趣了。”为此，她将农庄前面的几块土地平整后，分成很多小块，然后在每小块地前面，竖起了一块没有写字的小木牌，又买来了各种农作物种子。在

这里，顾客只要付出一点租费，可以种自己喜欢的蔬菜，收成也归自己，既可以享受到种菜的乐趣，又可以吃到放心菜。

这个创意一出，响应的人是络绎不绝。但是，谭妙灵很快发现，虽然自己收取了承包费和种子费等一系列费用，但并不赚钱，有时候一个月算下来，甚至是零利润，该怎么改变这种现状呢？

一次，一个承包了三小块土地的顾客，偶然间提出的一个创意，让谭妙灵心里一动。他指着一大片土地说，其实很多人虽然承包了土地，但是并没时间来打理，可以委托农庄来进行管理，收成也可以卖给农庄，可谓一举多得。谭妙灵决心试一试。效果还真的不错，到2017年11月为止，谭妙灵新开发的三十多块土地已全部承包出去，利润就有上万元。

除此之外，谭妙灵还新建了一个“DIY自助厨房”，内设十二个小包间，客人们可以自己做菜，可以自己带菜来，也可以开个清单，让农庄负责购买，既可以包餐，还可以包月租用。“加上菜钱，差不多一顿才五十多元钱，食材又好，比下馆子吃一顿实惠多了。外面餐馆吃一顿至少要八九十元，还吃了很多地沟油，太恶心了。”一对经常来这里做饭的情侣笑呵呵地说。为了让自助厨房更具浪漫特色，谭妙灵买了一套组合音响和一些轻音乐碟片。每到营业时间，她都播放优美动听的音乐，让顾客在轻松舒缓的氛围中做饭、吃饭。

年底，谭妙灵与湘潭各高校合作，组织了一次自助厨房大赛，由农庄负责所有材料的配备。那天，一共有十二支团队参加比赛。虽然有些团队做的菜，让人不敢恭维，但是大家都非常开心。这次比赛后，又有不少单位自发组织来这里比赛，甚至还有一些不会做菜的男生也来这里学做菜。来自一家事业单位的小吴最近交往了一个女朋友，但那女生希望能找一个会做饭的男生，小吴便虚心向农庄里的大厨请教。短短两周后，小吴的厨艺大为长进。现在几乎每个周末，小吴都会带他的女友过来做饭。小吴乐滋滋地说：“我把她的胃把握住了，就不怕她跑了。”看着他们手牵手幸福地离开，不知会令多少厨艺不精的男生羡慕了。

因为谭妙灵的创意点子新鲜、有市场、趣味性强，一经推广就受到了大家的追捧，谭妙灵的生意越来越火爆，甚至还吸引了株洲、长沙的顾客上门，每个月的收入都在1万元以上。

财富感悟

女主人公在经营农庄的过程中，新的创意是接踵而来，为了顺应顾客的需要，她一一付诸实施，尤其是“DIY自助厨房”的创意，给她带来了不菲的收益。

3.不断开拓，贩卖“情趣”大赚200万元

当然，谭妙灵经营“情趣农庄”也并非一帆风顺，一位来自长沙的顾客，来这里吃了一顿饭后，出现了呕吐，送到医院才知道是食物中毒，后来，又出现了顾客吃饭时，发生了钱包被偷的事情。

事情发生后，谭妙灵认真做了反思和改进，一方面，在农庄的重要位置如餐厅、厨房等安装了摄像头，并聘请了两名专业保安；另一方面加强了对食品安全的检查，聘请了一位保健医生，随时处理突发事情或意外。此外，她还给农庄投了全程保险，如果顾客在农庄发生人身意外，可以得到保险公司的相应赔偿。

一次，谭妙灵推出了“情趣会员”制，凡是会员一律享受七折优惠，这对于“情趣农庄”的常客们来说是件大好事，在短短一周时间内，通过网络、短信报名的人数就超过了一千人。

又一次，谭妙灵向都市年轻人，打出了“好事成双”的广告：“你为情人节没地方去而烦恼吗？那么，来‘情趣农庄’吧。在这里，你可以体验情趣，制造浪漫。2月14日，农庄将推出一系列新活动，你还犹豫什么呢？”这样一宣传，有情侣的，就带情侣来；没情侣的，带着朋友来，大家体验了在农庄过节的新鲜感觉，甚至还可以寻找属于自己的缘分。

今年26岁的吴俊，就是在这里找到自己的女友肖玲的。这两

个人都是厨艺爱好者，经常周末来这里转转，一来二去的，就谈起了恋爱。

后来，谭妙灵自己也收获了一份美好的爱情。男友刘强是一位体育老师，平时最大的爱好就是和朋友们去郊外游玩。在他的介绍下，谭妙灵又新增了很多顾客资源。

在经营中，谭妙灵十分注意听取顾客的建议和意见。一次，一个学生告诉她，要是多一点能让人怀念和回忆的东西就好了。谭妙灵觉得这个建议不错，于是在第二年植树节，谭妙灵便推出了“绿色低碳，爱心栽树”的活动，凡是来农庄的顾客，都免费提供树苗一棵，供其栽植以做留念，并在树苗的旁边插上标签牌。果然，活动一推出，响应的人是络绎不绝。从这以后，对于农庄玩的人来说，又增添了一个新项目，那就是给树苗浇水、除草、施肥。

不久后，谭妙灵在农庄正中央建了一堵墙，取名为“姻缘墙”，来这里的单身男女，都可以在上面留下对另一半的要求。果然，“姻缘墙”一推出，就受到了大家的追捧，来此逗留、徘徊的年轻人越来越多，有的男士甚至当场就向女士“推销”起自己来。

不久后，谭妙灵买了一辆客车，专门用来免费接送团队客户。短短两年时间里，她的资产已经达到200多万元，成了湘潭市小有名气的女性创业家。对于未来，谭妙灵微笑着说，她打算把情趣农庄打造成一个集休闲、娱乐、度假、观光为一体的品牌游乐项目，并计划在株洲和长沙设立连锁分庄。

财富感悟

文中女主人公的创业故事，给人们的启示是：创业从小到大、从大到强。一步步走来，她在经营富有创意的项目过程中，根据市场和顾客的需要，不断地修整和完善项目，使农庄逐渐地发展壮大。

财富点拨

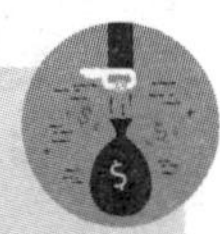

创业有规律，成败有缘由。即使是最成功的创业者，也会有马失前蹄甚至跌落深渊的时候。然而，失败并不可怕，可怕的是创业者不善于总结经验、吸取失败的教训，应不断增长创业的智慧。创业要过好“三关”：一是谋定后动，未雨绸缪方从容；二是循序渐进，创业实践出真知；三是善于借鉴别人成功的经验。如何留住创造的财富，避免陷阱，降低风险，实现长期可持续发展，是创业者需要把握好的大课题。

五、“出租时间”：月入三万不是梦

财富话语

“出租时间”看起来似乎是雷人的广告词，这是炒作，还是创业？这背后又隐藏着怎样的财富玄机呢？

1.英语老师突发奇想要“出租时间”

26岁的袁咏仪是湖南省湘潭县花石镇人，大学毕业后，她进了当地一所培训学校当英语老师。

工资少、压力大，袁咏仪做得很不开心。一次，家长认为他的孩子成绩倒退了，认定是老师的错，便到学校里大吵大闹。校长不仅把袁咏仪痛骂一顿，还扣了她当月的工资。为此，她越干越没劲，整天都郁闷不乐。

“十一”期间，袁咏仪和一群同学去聚餐。在雨湖公园附近，看到有食客怒气冲冲地从一家饭店出来。一打听，这群食客原来是四川人，但是跑了很多家店，都没找到四川餐馆。

袁咏仪知道在基建营有一家川菜馆，味道还相当不错，她当即把这些人带到川菜馆。点了菜后，他们称赞袁咏仪：“幸亏你带我们来，要不然我们这趟旅行就会留下很多遗憾。”一个老年人说：“我们还想在这里多待几天，你有没有熟悉一点的地方可以介绍一下。要不你留个手机号码吧，我们好联系你。”当得知袁咏仪是地地道道的湘潭人，还是一名英语老师时，所有人都放心了：“有你在，我们可以放心地玩了。”

游玩三天后，游客们才高高兴兴地打道回府，在离开前，他们硬是塞给袁咏仪500元钱，还意犹未尽地说：“湘潭真是个美丽的地方，我们还会再来，到时候仍会找你带路。”

那天晚上，袁咏仪突发奇想：湘潭有那么多吃喝玩乐的地方，别说来游玩的客人，就是湘潭本地人也不是都清楚，自己何不专门做他们的导游呢，反正自己有的是时间。

不知从何时起，袁咏仪听到越来越多的朋友抱怨找不到好吃好玩的地方。他们说，要是有专业的导游就好了，出再高的钱也值。不过他们很快就失望了，有谁愿意做这个看起来“不正经”的差事呢？

言者无意，听者有心。袁咏仪暗想，如果自己把湘潭所有好吃好玩的地方都弄清楚了，自己不就可以给大家指路了吗？这样，不但自己也可以吃喝游玩，还能获得一份不菲的导游费。

袁咏仪是个说干就干的人。接下来的三个月内，袁咏仪把湘潭市大大小小的好吃好玩的地方走了个遍，把地址、特色、价格、装饰风格等，都记在本子上，记录了厚厚的三个大本子。

财富感悟

利用自己熟悉本地吃喝玩乐场所，加上又有大量的空闲时间，就能轻易地赚到导游费，这种无成本的赚钱方式。“出租时间”也不失为一种新鲜的生财之道。

2.游玩攻略，在质疑中逆流而行

袁咏仪到一家打印店，花了30元钱，制作一块牌子，牌子上用电脑喷绘“出租时间”四个大字，下面用小字做了自我介绍：“本人对湘潭吃喝玩乐的地方很熟悉，并且有独特的见解。相信有我的陪伴，你的旅途会更便利、更安全、更省心。”

一天早上，袁咏仪拿着宣传牌，来到湘潭市最繁华的雨湖公园。可在门口待了将近三个小时，除了好奇的目光外，没有一个人愿意雇请她。正当她垂头丧气地要准备离开时，一对中年夫妻拉住了她。双方很快谈妥了价格。袁咏仪带她们好好游玩两天，每天300元酬劳。

根据雇主的要求，袁咏仪立即给他们设计了一条旅游线路。袁咏仪了解到，这对夫妻虽是湘潭人，但二十多年前就随父母离开了湘潭。妻子一直想回来看看，可是由于工作忙，都不能如愿，这次回来就是打算好好玩一玩。至于吃的方面，袁咏仪给他们安排了各种不同的风味，既有湘潭独特的私房菜，又有火辣的火锅，还有朴素清淡的菜馆。

拿到第一笔收入，袁咏仪激动不已。当晚，她便把这次经验在群里与大家分享，一时间，各种冷嘲热讽的声音都来了。还有人劝她说：“出租时间无疑是自找火坑跳，到时钱没赚到，名声却毁了，多不划算啊。”

袁咏仪对此只是一笑了之。她说，别人说我炒作也好，投机也罢，只要是我自己喜欢做的，我就会坚持下去。我相信，总有一天我能成功。

袁咏仪决定继续去雨湖公园蹲点。很快，她接到了第二笔生意。一位来湘潭的外地老人，请她带着自己游玩两天，她仍然按照每天300元的标准，这一次她又进账600元。

寒假，袁咏仪放弃了和朋友去海南度假的计划，专心致志经营自己的“出租时间”业务。为了扩大业务，袁咏仪特意印制了一批广告宣传单，在基建营、步步高广场等人流密集的地方进行派发。

这一招果然有效，短短的一周内，袁咏仪就做了十几单生意。有时一天接三单，袁咏仪只好按小时标价，一小时50元，交通费用、吃玩费用都由对方支出。一个寒假，她的业务范围也扩大到整个湘潭地区。

一次，一个朋友提出建议：“眼下要过年了，很多在外工作的人都要回家了，亲人团聚，朋友相会，难免要出去。你对湘潭这么熟，何不动动脑筋，把你所掌握的信息标记在地图上，既方便，又实用，肯定很多人争着要，甚至还能拉来不少广告。”

朋友的话，让袁咏仪心动了。一周后，一本《游玩攻略地图》的小册子便出现在公众的眼前，这本小册子共6页，为了更形象逼真，袁咏仪选择了在交通地图上按区域将好吃好玩的地址详细地标记出来，然后在备注栏里详细记载经典菜和招牌菜和玩乐项目。

《游玩攻略地图》售价仅5元，上面汇集了200家大大小小餐馆的300道特色菜，还有50多处好玩的地方，一经推出，便受到了人们的青睐，很快销售一空。一周后，袁咏仪推出了《游玩攻略地图》的升级版，由6页变成了8页，增加了“年夜饭攻略”栏目。为了招揽顾客，不少饭店老板纷纷想出高价在她的地图上做广告。对于送上门的生意，袁咏仪表现得非常冷静，经过暗中查访和调查，20家饭店的60种年夜饭套餐最终入选“年夜饭攻略”栏目。

很多使用过《游玩攻略地图》的人都反映，拿着这本册子去游玩，不仅省钱、省心，还能吃到不少经典、独创、秘制的美味。这话让袁咏仪听了十分高兴。

财富感悟

为了把“出租时间”的业务做好，女主人公花费了不少心血，她制作了广告单进行宣传，还买来本地的交通地图进行研究，掌握了200家大大小小餐馆的300道特色菜，还有50多处好玩的地方。她的这种做法，对扩大业务很有帮助。

3. “出租时间”公司，月入3万元不是梦

为了扩大业务范围，袁咏仪主动找到当地的旅行社协商，与他们签订了合作合同。此后，旅行社出团经常会有导游找到她，请她协助导游，每次她都能拿到一笔不菲的协助费。此外，不少饭店也主动找她，提出多种折扣优惠。这样一来，袁咏仪的业务也越来越多，月收入也增加到了1万多元。

由于忙不过来，袁咏仪决定招兵买马，进一步扩大规模。招聘通知才贴出三天，前来应聘的人就络绎不绝。最终，袁咏仪选择了旅游专业的小黄和小刘做她的搭档，并承诺包吃包住，每个月的基础工资2000元，还补助150元电话费。

第二年“五一”节，袁咏仪的“出租时间”公司正式挂牌成立了，凭着良好的服务和信誉，“黄金周”期间袁咏仪轻松赚到了5万元。有一次，一个旅客提建议说：“城市里的东西吃腻了，也玩够了，有没有在乡郊野外的好吃好玩的地方？”袁咏仪觉得这个建议好，很快她和几个搭档踏上了乡村探旅。

在石潭乡，袁咏仪找到了一个适合于探险的岩洞，正好这个岩洞附近还有家小饭店，虽不华丽，但菜的味道纯正，份量还特足，尤其是招牌菜“苦肉计”（用苦瓜与肉制作而成），肉香菜鲜美，虽略带苦味，但让人回味无穷，深受大家的喜爱。

在双马镇，小黄找到了一块“出租农场”，城里人可以在这里租地，可以自己种菜，也可请人种菜，收获的东西归自己；在湖南某科技大学附近，小刘找到了颇具特色的自助厨房……

袁咏仪每个月都会将新探寻到的好吃好玩的地方添加在《游玩攻略地图》上，不少去过的人由衷感叹：山窝窝里面原来也有金凤凰啊！

令袁咏仪没有想到的是，她工作的意义远不止兴趣和赚钱这么简单，途中所认识的人才是她真正获得的财富。

国庆节，她带着一对来湘潭游玩的法国夫妻来到木山冲。当这对外国夫妻看到山头上到处是垃圾时，便开始捡拾起来，这让袁咏

仪十分感动，她和小刘也跟着行动起来。

不仅如此，袁咏仪也将法国夫妻的“环保精神”传达给每一个游客。一次，袁咏仪带着一群人去湘潭十八总沙滩玩，整整一个下午，没有一个人乱扔一点瓜皮果屑。

与此同时，袁咏仪也收获了一份美好的爱情。男友张强是一位体育老师，平时最大的爱好就是和朋友们去郊外游玩。在他的引路下，袁咏仪又找到了许多好吃好玩的地方。

一次，张强代表学校去长沙参加篮球比赛，获得了好名次，几个队员准备一起去吃饭庆贺。走到一家餐馆前，一个队员说：“有没有特色一点的饭馆，天天大鱼大肉的，既不健康也不营养。”张强立即把消息告诉给在湘潭的袁咏仪，在她的推荐下，大家来到了红星街的一家益阳特色菜饭馆，吃的是豆角饭和益阳特色菜，才几十元钱，却让几个队员吃得停不了嘴，还不停地说：“以后还有这种好的地方，一定要记得告诉我们。”

袁咏仪趁机联系了几家特色饭馆，每家饭馆都推出了营养健康套餐，有了这块招牌，袁咏仪的客户也越来越多。

三个月后，袁咏仪给她的员工涨了500元工资，此时她自己每个月的收入也达到了3万元。为了方便，她在湘潭车博会期间购买了一辆丰田轿车，她还盘算着和张强组建一个公司，到时，她的业务将扩展到整个湖南地区。她希望能让更多的人了解湖南，喜欢湖南。

财富感悟

很多人都渴望创业，但苦于没有资金。想要创业，首先必须考虑如何能低成本创业，还必须要有能承受失败的心理准备，要有吃苦耐劳和百折不挠的精神，要有正确的创业方向和方法，要有良好的规划和人生设计；要充分利用现有的资源，发挥自己的主观能动性，发挥自己的优势，扬长避短，要善于借势。

财富点拨

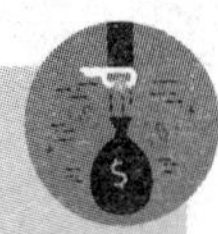

本故事中，这位曾经的英语女教师想出了“出租时间”的点子来赚钱，真是很奇妙！从事“时间出租”，专家建议：一是要求自己严格把守道德底线；二是要防备上当受骗，保障人身不受侵犯。前者自己可以把握，后者却经常会力不能及。因此，建议从业者要谨慎，不要为了赚些小钱而承担过高的风险。

第三篇 电子商务

一、网上叫卖书法，大学生预热创业有方

财富话语

商务部曾出台相关文件，鼓励和引导艺术品走上电商平台。这也意味着，书画作品在网上交易会有非常大的市场，同时也会面临日趋激烈的竞争。但不可否认的是，在相关政策和市场规范尚未完善的情况下，书画作品网上交易也有隐忧。比如，网上销售的艺术品的真伪问题就是买家最大的顾虑。目前市面上古书画赝品多，相比之下，投资者可多关注现代书画家的作品，这些作品大多具有投资潜力。

1.发现商机，网上拍卖书法作品屡获成功

戚卫杰自幼喜欢书法，三岁时，父亲就教他握笔临摹书帖，开始是楷书、隶书，之后是行书和草书；到了读幼儿园，父亲就让他临摹唐朝颜真卿、柳公权和清朝石涛的书法字帖；等到上中学时，他已经是本市最小年龄的书法会员了。

戚卫杰考取了上海复旦大学。到大学的第二年，他想“勤工俭学”。可怎样才能走“勤工俭学”的路？一天晚上，戚卫杰坐在家中玩电脑，他在一家网站上搜寻各类信息，忽然，他被一则商业信息吸引住了。文章说，有一位书法家在网上拍卖自己的书法作品获得了成功。读了这则消息，戚卫杰茅塞顿开。他心想，我的书法作品屡次获奖，并得到诸多专家的认可，说明自己的书法作品也能拿得出手，何不也在网上尝试着拍卖自己的书法作品呢？

有了这个念头的当天晚上，戚卫杰就在网上申请制作了个人网页，然后在网上发布消息：“本人系上海复旦大学学生，曾有书法作品参加过国家级、省级等书法展览，并有不少作品被选录中国青少年书法作品选集。本人现有十几幅装裱好的书法作品进行推销。另外，本人还预定客户所需文字内容的书法作品，尺寸大小随心所愿。有意者来人、来函、来电都可，价格面议。”

戚卫杰在网上发布了这些信息后，他就在家中等待客户的光顾。

一天过去了，没有一点音信。戚卫杰想，也许别人看了消息后，需要时间考虑一下。

又一天过去了，仍然不见反应。戚卫杰又想，毕竟这是做买卖，要掏钱买东西，谁都需要掂量掂量。

到了第三天，戚卫杰开始有些坐不住了，他怀疑自己的这种做法是不是太荒唐了。

就在戚卫杰有点失望之际，这天下午，他刚一上网，就看到了一封陌生的电子邮件。邮件是一位自称福建某贸易公司屠总经理发来的，他在邮件里这样写道：“我是个业余书法收藏爱好者，得知你有多幅手写书法作品要销售，能否通过网上，把这些作品的样品发来让我过目？”

戚卫杰看了这封信后，他马上拿出自己的所有作品，认真地挑选了一下，最后选出四幅自己认为较出色的作品，扫描后，从网上发给了屠总经理。

第二天上午，戚卫杰又一次收到了屠总经理的电子邮件。屠总经理在邮件中写道：“我看了你的作品，确实很不错，这四幅作品，

我全要了，每幅的价格，我出500元，你看如何？”

一见这么丰厚的价格，戚卫杰激动了好半天！当即回复屠总经理：“我同意你的要求。”

接下来，戚卫杰与屠总经理就付款和邮寄书法作品的具体问题，在网上进行了商谈。

当天下午，戚卫杰就把四幅书法作品从邮局，寄给远在福建漳州的屠总经理。

三天后的上午，戚卫杰就收到了屠总经理汇来的2000元钱。

拿着第一笔作品销售款，戚卫杰的心里非常激动！说真的，这可是他在校外活动中，头一次把自己所擅长的书法知识转化成经济效益。

拿着第一笔“外快”后，戚卫杰马上跑到文具商店买回一大叠宣纸和笔墨，准备大干一场。

尝到了第一单“生意”的甜头后，激发了戚卫杰对网上推销书法作品的兴趣。两天后的下午，戚卫杰正在家中挥毫泼墨，这时候，电话铃声响了，是浙江一家酒店姓秦的老板打来的。秦老板在电话里对戚卫杰说：“我想让你给我写10个条幅的古诗词书法作品，具体内容随后我从网上发过来。每张条幅的价钱是500元。你看怎么样？”

尽管戚卫杰觉得这个价格不是很满意，但他考虑到“薄利多销”，便对他说：“行，就按你说的办。”

随后，秦老板提出这10幅古诗词书法作品，最晚不得超过十天交货。

戚卫杰也爽快地答应下来。

接下来的一段时间里，戚卫杰日夜加班加点赶写预订的书法条幅。为了拿出最好的书法作品给客户，常常是一张条幅写了几遍，之后，挑出最满意的一张留存下来。

只过了一个星期，戚卫杰就提前完成了秦老板预定的任务。他立刻把作品寄了出去，可这位秦老板是个很精明的人，他等收到了戚卫杰的书法作品后，才把费用汇了出来。秦老板在汇款人留言上写了一段话："你的每幅书法作品都是精品，我很满意！"

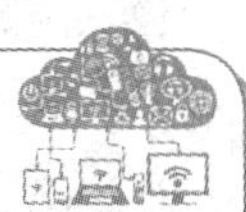

财富感悟

从男主人公在网上两次卖书法作品成功，给人的启发是：对于自己所擅长的知识，只有精益求精，才能赢得别人的首肯，从事其他经济活动，也同样如此。

2.遭遇失败，吃一堑长一智

戚卫杰两次在网络上成功地推销出书法作品后，对这种推销方式更有信心了。在随后的日子里，戚卫杰又通过网络，先后五次成功地把自己的书法作品推销出去了。

不过，戚卫杰利用网络推销自己的书法作品，也有吃亏受骗的时候。

一天，戚卫杰收到了一封电子邮件，发邮件的是一位大肆吹嘘自己是武汉某书画行的老板，这位姓童的老板答应，以每幅1600元的价格，收购戚卫杰在网上推销的8幅书法作品。

已经尝到过推销甜头的戚卫杰，毫不犹豫地把8幅作品寄到了童老板指定的武汉地址。书法作品寄出了十天左右，不见童老板汇款来，戚卫杰自我安慰道："再等几天，也许他是个精明的生意人，不见兔子不撒鹰，前面我不是也经历过秦老板的事，也顺利拿到钱了吗？"

这样一想，他又耐心地等了一个多星期，可是仍然没有收到童老板的钱。

这时，戚卫杰才起了疑心，他即刻在网上给童老板发去电子邮件询问钱的事。

邮件发出好几天了，犹如石沉大海，杳无音信。

又过了半个月，还是没有等到童老板的回信。

直到这时候，戚卫杰才明白自己上了骗子的当！

经过童老板的事件后，戚卫杰在以后的书法销售中，多了一份智谋，在与一些陌生的客户打交道时，他采取了先交三分之一的定金后，再制作产品。他认为这样做，即使对方毁约和欺骗，自己的损失也不会太大。

按照这种方式来经营，果然避免了一些上当受骗事件的发生，使他的书法作品销售得更加顺畅了。用戚卫杰的话来说：“我这也是把从课本上学到的‘吃一堑长一智’运用到了实践中。”

当然，对于戚卫杰来说，他始终坚守着“信誉第一”的做生意原则。他认为信誉是经商的根本，只有讲究诚信，才能使自己在这条“商道”上越走越宽广。

如今，戚卫杰已经成为校园里赫赫有名的“网络书法经销商”。回首“网上推销书法作品”的经历，戚卫杰深切感受到了知识的重要性。他说，随着时代的发展，社会越来越需要有真才实学的人。“要想致富，先让自己的知识富起来！”这就是戚卫杰的经验之谈。

财富感悟

近年来，越来越多的电商平台开始涉及以书画作品为主的艺术品交易，让网络交易成为书画作品交易的新途径，网上拍卖会也逐渐成为一种新形式。为什么这种形式越来越受欢迎？与传统的拍卖会相比，网上拍卖更具有简便、费用低等优势。

财富点拨

目前传统的书画作品交易形式主要包括：拍卖会交易、画廊交易、通过经纪人交易、艺术家家里交易等。相比于这些传统的交易形式，网上交易具有明显的优势。首先，更大程度上打破了地域界限，将天南海北的艺术家的作品“一网打尽”，同时将天南海北的买家也聚于一“网”；其次，书画作品网上交易平台可以节约交易成本。目前传统的书画作品交易形式，交易成本并不低。比如，从拍卖会上购买，一般必须交15%左右的手续费；从画廊购买，也需要帮助画廊消化房租等成本；到艺术家家里购买，目前的行情是比去画廊购买还要贵一些。

二、畅“索”网络新生活，高物价下的生财之道

财富话语

现在很多东西的价格都在涨，在这种情况下，如何理性安排消费，既能提高生活质量，又能降低消费开支，便成为了摆在有些工薪族面前最首要的问题。一对来自湖南益阳的打工情侣，在深圳“淘金”已经快五年了，收入也还可以，但是随着生活水平的提高，以及近几年物价上涨带来的直接冲击，他们已经感觉到了严重的生活压力，总感觉计划跟不上“手花”，不仅没有积蓄，还在外面欠下了两万多元的债……他们还能经得起这样入不敷出吗？面对持续上涨的高物价，他们又有什么好的理财计划呢？

1.无奈！我们是可怜的月光一族

今年28岁的粟红兵出生于湖南省益阳市迎丰桥镇。他以优异的成绩考取了湖南某师范大学编辑学专业，两年后，粟红兵通过老乡介绍，认识了在湖南某大学读大一的杨雪群，两个人一见钟情。从此，烈士公园里、岳麓山上、罗夫桥畔，到处都留下了他们爱的

踪迹。

大学毕业后，一心想大展宏图的粟红兵只身来到深圳，凭着过硬的专业技术，很快被某出版社正式录用了。次年，杨雪群大学毕业后，不顾家里人的反对，跟随粟红兵来到了深圳，应聘到一家外企做行政工作。

春节期间，粟红兵随杨雪群回了湖南老家。出乎意料，杨母对眼前的这个高才女婿并不满意，言语之间处处透露着不满。等粟红兵前脚一走，杨母就单刀直入地说，粟红兵配不上她女儿。原因是他没车没房，不利于女儿的进一步发展。为此，杨母特意为女儿安排了几场相亲，只是杨雪群的一颗心系在了粟红兵身上，任母亲如何软硬兼施，全然不顾，拒绝相亲。

经过几年的打拼，粟红兵已经在出版社站稳了脚跟，杨雪群也做了人事部的经理。两个人的月薪加起来有9000元，除去花销，每个月有将近3000元的结余。于是两个人一合计，便于五一节在深圳办了结婚喜宴。不过，当时的杨母还在跟女儿怄气，不肯来深圳参加婚礼，这让身为杨雪群多少感到一些遗憾。

随着孩子的出生，杨母与杨雪群的矛盾也在慢慢化解。元旦时，杨母终于答应来深圳看望女儿，这让粟红兵夫妇喜出望外。两天后，粟红兵在火车站终于等到了四年没见面的岳父母。那几日，夫妻俩一起带父母到世界之窗和莲花山等风景点游玩了一番。两个老人都被深圳的景象迷住了，不止一次地感慨：“深圳真漂亮！”杨雪群笑着说：“爸妈，这次你们来了就不走了，想住多久都行，这里就是你们的家啊。”杨雪群的提议自然获得了父母的一致同意。

为了讨好岳父母，粟红兵租了一个更大一点的房子，留了两间给岳父母，衣食住行样样都照顾周到。杨母也责无旁贷地担任起了外孙女的“全职保姆”。

月底，粟红兵夫妻俩坐在一起核算账目，这一算让他们大吃一惊，原来父母来的这三个月里，他们不仅没有结余，反而亏了两千元。怎么办？是让父母回湖南的老家去养老？这肯定不行，何况杨雪群早在父母面前夸下了海口。当然，也可以省吃俭用，尽量节省开支，可是穿惯了名牌衣服，喝惯了名酒的岳父母会不会答应？这个，他们心里都没底。

粟红兵感到了左右为难，但又想不出良策。一天晚上，粟红兵陪岳父母逛超市，岳父看中了一款多功能电动剃须刀，开价400多元。粟红兵想建议岳父买个普通的，谁知话才说到一半，岳母就翻脸了："你真没良心啊，当初你信誓旦旦地保证让我们吃香的、喝辣的，现在反悔了，你看你，为了一个小小的剃须刀，就气成这个样，我女儿当初真是瞎了眼，跟错了人！"粟红兵一听，知道不妙，连忙说："妈，我不是那个意思。"但即便如此，岳母回到家还是揪着这件事不放，岳父打了几次圆场，都没能让她消气，最后，还是杨雪群答应每个月给父母1500元的零花钱，事情才得以平息。

凭空每个月又多出了1500元的开支，这让本来就感到经济吃紧的粟红兵更是愁上加愁。

一日，粟红兵一起去超市买菜，看到三个月前70元一桶的植物油，现在暴涨到120元，先前13元一斤的肉价也翻了一倍，再想起这几个月所欠下的5000元债，粟红兵感觉到心头阵阵发凉。杨雪群看到丈夫老在唉声叹气，便柔声问："兵哥，你心里有什么话就说出来，有什么困难我们一起面对，总比你一个人扛着要好。"粟红兵叹口气说："唉，真后悔把爸妈接过来住这么久。不然，我们哪会落魄成现在这样啊！"杨雪群接过话题说，"其实也不能全怪他们，他们只是过惯了奢侈生活，一时半会儿改不了，要说根源啊，一切还是因为我们挣钱太少了！"

看到女儿、女婿脸上闷闷不乐，细心的杨父敏锐地感觉到了不对劲，听女儿诉完苦后，他也深深叹了口气。其实他何尝不想帮女儿女婿减轻压力。当天晚上，他给妻子提议，把自己的那点退休费拿出来给女儿，却招来一顿指责："什么？你那点儿钱还不够我孙儿读书的呢？再说了，我们现在是到深圳享福的，不是吃苦的。如果他没这个本事养我们，只要他一句话，我明天就走！"杨父无言以对，他虽然打心里喜欢这两个孩子，但毕竟还有一个儿子，如果

为了小女儿把退休金拿过来，儿子肯定认为他偏心眼啊！女儿也来劝他："爸，哥在镇上也没工作，他还指望你那几个钱送侄儿读书呢。再说我们只是眼前手头紧，咬咬牙就能挺过去的。"

2016年8月的一个周末，背着妻子，杨父跟女儿女婿坐在一起，讨论如何开源节流问题。但思来想去，在工资没有上涨的情况下，只能在家里想些办法了。比如，自己在家里做馒头和面条，每天就能省下10元钱，出去尽量不乘坐出租车，空调能不开就不开……

财富感悟

小两口刚刚有起色的日子，又因为孩子的出生和岳父母的到来，增加了负担，欠上了债务。为了改变这种捉襟见肘的日子，他们过起了节俭的生活。

2.奇闻！原来生活还可以这么过

一天，大学同学李小美到深圳出差，就住在杨雪群家里。看到当年那个活泼、时尚的好友如今变得如此节省，李小美感到非常惊讶，她立即从行李包里拿出早就准备好的礼品：最新款的电动牙刷、高级化妆品……

李小美得意地说："这些都是专程给你带过来的。"纵然有心理准备，杨雪群还是吓了一跳："给我的？这些东西每一样都价值四五百呢！"李小美笑着点点头："是的，如果你听我的，保管你不影响上班，一个月还能赚上千元的外块。"

"天下还有这样免费的午餐？"粟红兵半信半疑。

见大家都不太相信，李小美坐到电脑前，非常熟练地输入一串网址域名，说："你们看，这就是我发财致富的地方。"

李小美所说的发财致富的秘诀，杨母更是闻所未闻。在她的强烈要求下，李小美帮她在试用网上进行了注册，填写了性别、职业、年龄、收入等个人信息，申请成功后开始首个试用之旅。

杨母早就钟情瑜伽多年，只是苦于没有机会，在李小美的帮助下，她申请了四次免费练习。在完整填写邮寄地址和手机号码等信息，并支付少量邮寄费后，李小美说现在就只需等待货物上门了。

接下来的几个晚上，李小美乐此不疲地向粟红兵一家灌输试客的理念，“没有实践就没有发言权，不经试用就不会去消费”，这是常挂在她嘴边的一句口头禅。在她的影响下，本来就喜欢追求时尚的杨雪群也跃跃欲试。至于粟红兵，他更肯定地认为，对他们这样收入不高的人来说，这是迅速提高生活质量的最佳途径。

一周后，杨母在家里收到了一封邮件，里面是宝安区一家瑜伽培训中心的四次免费体验券。

尝到甜头后，粟红兵一家都行动起来了。以前，杨母和女婿的关系不是太好，现在为了交流试用心得，杨母经常去找他讨论。

粟红兵更是把凡能申请试用的网站一一收藏起来。每天晚上，他都在这些试用网站转悠。经过一段时间的尝试，他发现并不是所有的试用产品都能申请到，要想全盘试用，就必须“就低不就高”，打小物品的主意，广种薄收。第一个月，他在试用网、试尚网等8家网站上申请了11种产品，有洗涤用品、小家电、饮料、折扣券等。一个月下来，他惊奇地发现，他一个人就节省了700余元。

每个月的化妆品，是家里一笔不菲的支出。过去，杨母总是隔三岔五地去专卖店买，什么唇膏、面霜、面膜之类，每样都是价值不菲，为了能节省这笔开支，杨母开始从网上试用这些东西。后来，粟红兵干脆把公司那台淘汰下来的旧电脑借了回来。只用了两天的时间，他就教会了岳父、岳母如何使用电脑。这样，在他和妻子上班后，岳父母就可以一人一台电脑，想申请什么就申请什么。

春季，粟红兵父母家的一间平房被雪压倒了。在听到这个消息后，粟红兵找妻子商量，想给父母汇2万元过去。杨雪群一直觉得

愧对粟父、粟母，自结婚以来，为了工作，他们都一直没有回去，虽然现在手头不宽裕，但找到了这么一条节省之道，她相信他们的生活很快就能好起来，于是非常支持丈夫的做法。

粟红兵一家人这样齐心协力，战果自然十分丰硕。到了月底，通过核对开支，他们惊喜地发现：以前，每个月的收入不仅花得一分不剩，而且还要到处找人借钱，而现在，物价还在上涨，但家里的生活质量不降反升，三个月下来还有将近7000元的结余。他们试用的范围也扩展到吃、穿、用、玩各个方面。

从这以后，粟红兵和杨雪群成天乐呵呵的，与他们住在一起的杨父、杨母也整天喜滋滋的。

来他们家的朋友和邻居都被他们家里那些豪华、名贵的产品震惊了，因为粟红兵夫妇并没有跳槽加薪，也没有买彩票中奖，当然更没有炒股赚钱，那些昂贵而奢侈的产品难道是从天上掉下来的？

在粟红兵道出了其中奥秘之后，大部分人都表现出了相当大的兴趣。杨雪群的好友杨蔓在注册申请了一瓶洁面乳后，更是深有感触地说：“这才是真正的理性消费啊。试想一下，如果我买了一瓶洁面乳，用了后才发现不适合自己的皮肤，那多不划算啊。反过来，如果经过实际试用后确定这产品不错，不仅自己可以买，还可以推荐给朋友买。”

当然路走多了，总会有失蹄的时候。一日，杨母在注册一家小网站，申请了一件衬衫后，她的手机便经常收到垃圾短信和电话的骚扰，这种现象一直持续了将近一个月的时间。从此以后，他们在注册申请时，总是变得小心谨慎。有一次，杨雪群登录一家网站，注册成为会员，申请试用一瓶食用油，在填写了三道选择题后，网站出现了一个“同意申请免费试用产品协议”的窗口，但是她并没有看见任何内容，她不禁产生了怀疑。从窗口退出后，搜遍整个网站，她也没发现任何该协议的内容。后来，她便经常用这个事例向刚涉足试用的朋友提出告诫。

财富感悟

在家里试用各种物品就能赚钱，这无疑是一种不错的生财之道。女主人公家里全体出动，做起了网上的“试客”，还给原本不和谐的家庭带来了转机。

3.“试客”：免费索取，乐此不疲

随着试用次数的增多，粟红兵一家渐渐发现，越是正规名牌的产品的要求也越高。有一次，杨母申请到了一种面膜，商家就要求免费试用的人拿到产品并试用后，要上交一份试用报告，内容包括试用前、中、后的照片至少一张，还要有相应的文字说明，以及试用体验和建议等。

因为有这些试用报告的要求，杨母试用起来就格外关注自己的感受。在这个过程中，她非常认真地关注了自己的生活细节，以前她对一个物品的评价只有好和不好之分，而现在哪里好，哪里不好，她都能信手拈来、头头是道地说一番。

由于杨母的表现突出，3个月后，她被试尚网评为资深试客，并获得增加积分奖励的待遇。

一日，杨母、杨父去超市闲逛，看到新到了几种高档化妆品，她不由自主地停下脚步。正好有几个顾客过来询问，促销员又说不出个所以然来，于是杨母便自告奋勇地当了一回解说员。她精辟的分析和详细的讲解，立刻折服了顾客，也折服了正在巡视的超市经理。

结果，杨母前脚才到家，超市经理就提了一大袋子礼品跟了上来，一番交流后，他执意聘请杨母做超市的促销部经理，月薪2500元。

杨母上班后，粟红兵一家的经济压力缓解了很多，但这丝毫没有减少他们当试客的热情。又一日，免费试用网推出了有偿试车的活动，粟红兵报了名，并最终获得了五个名额中的一个。于是，每

月粟红兵都有四次试车的机会，而每次试车就能带来200元的经济效益。

粟红兵一家在试用上的成功，吸引了越来越多人的注意。几乎每天都有人到家里来取经。为了方便交流，发挥集体的智慧，一日，粟红兵建了个"我快乐，我索取"的QQ群，并在公司和小区里各贴了一张宣传单。在宣传单里他详细阐述了试客产生的历史和试用的利弊，最后他这样写道："我是一个事业型男人，可是我又不想做月光一族，所以我只能想办法开源节流。为了既能提高生活质量，又可以降低花销，我选择了试客这条捷径。事实告诉我，我是正确的。如果你也为深陷经济困境无法自拔而烦恼，那么，你跟着我来吧。相信我，准没错。"让粟红兵意料不到的是，不到三天他群里的成员就达到了500人上限，无奈之下，他只好又建了一个QQ群。为了方便管理，一家人分了工，他和妻子负责一个群，他给岳父、岳母申请了QQ号码，并设置为群管理员，负责协调和管理另一个群。

群里有个叫阿牛的网友在群里发帖，他说在申请后不久便收到一份邮寄的洗面奶，但是他发现洗面奶的气味很难闻。粟红兵立即回复，并提醒网友们一定要注意邮寄来的产品，是否是封闭独立包装，是否有QS认证，另外他还建议尽量试用那些知名品牌的产品，对那些闻所未闻的产品，一定要谨慎试用。

有一次，一家网站推出网络游戏有偿试玩的活动，他立即把这消息发到了群里。经过大家的积极争取，五个名额中他们就占了四个。

而群里出现最多的话题就是："今天，你试什么？""效果怎么样？"每天晚上，群里都交流得热火朝天，大家聚在一起，品头论足，其乐融融。交流的范围涉及试玩、试穿、试用、试听、试看、试吃等生活的各个方面。

就这样，粟红兵一家人依靠集体的智慧，大大减轻了物价上涨所带来的生活压力。如今，他们一家人，每个月除去必需的开销外，还有将近6000元的结余。面对媒体的采访，粟红兵微笑着说，要是在以前，他想都不敢想，是网络试用给了他新的体验，也提高了他们的生活质量。

财富感悟

随着互联网应用的进一步普及，产品试用的营销理念也迅速渗透到普通民众，试用体验已经成为广大消费者理性消费的第一道程序，先试后买也成为一种新的时尚，并逐渐成为广大消费者所追捧的潮流。

财富点拨

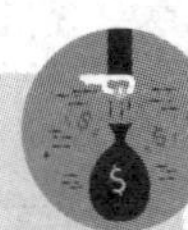

“试客”是指在购物前先从试用网平台上免费索取相关商家的试用赠品，经过试用后才购买商品的网民。目前，试用平台上最流行的一句话就是：免费索取，乐此不疲。单就试尚网一个网站，到目前为止已经有二三百万人的注册量。有专家估计，整个试客群体在中国的总量至少在500万人以上。

三、在家里轻松做“淘客”

财富话语

如果你只知道网店而不知道“淘客”（淘宝客），那就落伍啦。“网赚族”里正流行这一新行当，坐在家里点点鼠标，帮助淘宝卖家推广商品，任何人通过你分享的链接，进入卖家店铺完成购买，就可得到由卖家支付的佣金。时下越来越多的人兼职当淘宝客，个人做得成功的月入上万。据业内人士反映，

更有一些专门做淘宝客的团队，每周入账数万元。区别于网店客服的是，淘宝客可以自行到博客、论坛、网站等渠道去推广，不用像网店客服一样，被动地等买家上门咨询。

1.白领辞职做“淘客一族”

夏海天从一家贸易公司辞职了。他开始因为帮朋友的“成人用品”做推广而建立了一个网站，在那个时候他同时认识了“淘宝客”这个新生事物。做了一段时间网站，夏海天发现了一个问题，虽然产品多，但网站的流量很小，推广起来很费力。

一次，一位朋友说自己淘客网的站点每天有50元的收入，夏海天研究了一下，发现该朋友的站点完全是人工发布的产品，量大、内容丰富、更新速度快。他意识到，淘客网做得好，收入也是十分可观的。于是他将自己的网站做了大改版。完全改成了一个购物导购的网站，加上每天更新产品，改版后首月的收入一下子达到2000多元，钱虽然不多，但是夏海天的网站第一次月入千元以上，他对做淘宝客更有信心了。后来，他发现，如果全身心投入去做，月入万元是没有问题的。

在淘宝客的导航网站上，加入各个店铺或者商品的链接，如果成功推荐买家购买该店铺的商品，淘宝客就可以赚取商品利润1.5%～50%的佣金。比如一件利润率比较高、价值100多元的商品，淘宝客的佣金就可以达到十几元到几十元。据淘宝客反映，化妆品、运动产品的佣金比例都比较高，基本上在10%以上。不过，对于单品而言，佣金比例高不代表赚取的钱就多，还要看单品的利润空间，比如电子产品，虽然佣金可能低至1.5%，但因为利润空间大，即使卖出一件商品，佣金也能达到十几元。不过佣金比例高的单品，通常推广难度也相对比较大。

淘宝客的链接，可以确认买家是由哪位淘宝客推荐的，商家支付给淘宝客的佣金，通过支付宝每月定期支付，通常每月15日结算。

2. 精心挑选卖家

夏海天在网上发布推广帖子，并利用经营网店时积累的三十多个时尚QQ群宣传他导购的商品。QQ群里的一部分网友曾经是他网店的顾客，基于对他的信任，在他的引导下网购了一些时尚物品。然而，就在夏海天拿到一大笔淘客佣金的时候，意外发生了。一些网友先后通过QQ和电话责问他，为什么与黑心的网店合伙坑害我们？原来，与夏海天合作最为频繁的那家网店，竟然把假货和真货掺着卖。许多网友被诱人的低价所吸引，拿到产品一段时间后才发现，卖家鼓吹的“正品”根本就是仿冒货。在给予这家网店“差评”后，气愤难平的顾客们开始在网上发帖子骂他，说他是“专杀熟人的淘客败类”“无良网店的托儿”……这样一来，让夏海天信誉扫地，他委屈得直掉眼泪。

有了这次教训后，夏海天才意识到，选择好卖家才是淘客工作的重中之重。此后，他睁大眼睛谨慎地挑选店铺。以女性饰品和衣物推介为例，他首先要在几万个推广商铺中，挑选出性价比高的产品和信誉度较高的商铺；然后一一查看对方的基本资料、等级、好评率、收藏率等信息；再针对每一种网上热销的商品，筛选出几家店铺；最后放入自己专门制作的数据库中。夏海天整整花了三个月的时间，挑选出了26个货真价实的网店进行合作。

确定好商铺后，就要寻找合适的媒介进行推广。如果简单地把链接发到风马牛不相及的论坛上，帖子很容易被管理员删掉。夏海天选择的是有针对性的攻关式推广，他喜欢在QQ上找人聊天，尤其是找网上购物记录高的网友聊，发现他们对某种商品感兴趣时，再做链接推介。这样做虽然耗时间，但成功率高，而且会揽到回头客。

夏海天很善于在各种论坛中寻找目标客户。有一次，他在一个瘦身论坛里看到一个讨论如何减肥的帖子，点击率很高，就在这个帖子下面做回复，参与到讨论中，然后给大家推荐一些好的减肥产品，以及购买这些减肥产品的网店。渴望拥有好身材的网友们自然

就会抱着试一试的心理进去看看。

夏海天时常会遇到一些没有网购经验的人，他们不会使用支付宝，也不懂网上的购物流程，甚至担心夏海天骗他们的钱。对此，他不仅不生气，还会热心相助，不厌其烦地一步步指导他们在网上完成购物。即使他们并没有买他导购的东西，但这些得到他帮助的人也会成为他的网友或潜在顾客。

3.待在家中赚大钱

有一天，夏海天从一家网店里看到了一则推广信息："左撇子用品店"招募"淘客"。当时，许多"淘客"同行并不看好这种专为左撇子打造的生活用品，认为这个项目肯定没有市场，因为生活中不可能有那么多左撇子。夏海天却不这么看，他在生活中曾接触过一些左撇子，了解到他们的苦衷。有一次，两位左撇子朋友的对话就引起过他的注意：一位说操作电脑时，用右手的鼠标不灵活；另一位说用剪刀不顺手，因为这些物品都是根据右手设计的。夏海天还从网络上了解到，全世界约有8%的人是左撇子，而在我国至少就有8000万人是左撇子。这些数据表明，"左撇子用品"还是很有市场的！一想到这里，他决定拿下这那家网店的"左撇子"业务。

之后，夏海天开始推销这些"左撇子用品"。他在一些网店和论坛发布推荐帖子，并且把宣传语写得很有吸引力。这引起了人们的广泛注意，尤其是受到"左撇子"人士的青睐，不久，他推销的"左撇子用品"赢得了众多的顾客，给他带来了丰厚的财源。

尝到了销售"左撇子用品"甜头的夏海天，此后便把目光盯在了一些新鲜有趣的产品上。有一天，他发现"懒猫网店"正在推销一次性生活用品，比如擦地拖鞋、自动洗碗机、汉堡炉、煮蛋机等懒人用品，他马上承揽这些商品，开始在"圈里"推销，果然收到了预期的良好业绩。

夏海天做"淘客"，始终保持着创新的意识，他还建了一个与淘宝相似的购物网站，在他的这个网站里，拥有他自己独特的店铺，比如畅销书专卖店、折叠用品店、正牌餐具小店等，只要网友们点击进入网站，就可以购买到他选购出来的商品，而这样一来，夏海天也能从中获得相应的佣金。

自从做了“淘客”，网络就成了夏海天的掘金场和生活乐园，喝喝咖啡、听听轻音乐，在虚拟世界里轻击鼠标、发几个帖子、写几篇博文、聊聊QQ，每月就有上万元的进账，夏海天的“淘客”生活着实令人羡慕!

财富感悟

只要利用空闲的时间在网上发广告帖子，推广某商品，不用每天按时上班，更不用被上司呼来唤去，还可以一边“逛店”，一边自由地叫卖，一个月就可以获得数百元甚至上万元的报酬。

故事中的主人公做淘客的成功，可概括为以下几个特点：(1)懂得网络操作，熟悉网店业务；(2)投资小，只需购买一台存储容量大的电脑；(3)适合大学在校生、待业和自由职业者；(4)收入依推销的成功率确定，基本能维持生计，做得好的话，也可以获得可观的收益。

财富点拨

实体商店有促销员，而网络商店也有推销员，他们属于“淘客”。网上店铺成千上万，买家都有一个需求，就是希望有人来导购，而不是在海量的店铺里盲目寻找，于是，产生了“淘客”这个职业，也就是帮助网上买家进行导购的人，淘客主要就是做网络商品的导购。目前的淘客，有的主推店铺，有的则主推单品，还有的主推一种类型的商品。

淘客的推广是一种按成交计费的推广模式，淘客只要从推

广专区获取商品代码并进行宣传推广，任何买家经过“淘客”的推广（链接、个人网站，博客或者社区发的帖子）而进入网络卖家店铺完成购买，就可得到由卖家支付的佣金。

淘客的推广主要可以分成如下2大类。

（1）拥有独立平台的专业淘客：这类淘客精通网站技术，搭建专业的平台，如淘客返利APP（开心赚宝、惠集网、返利、QQ等）、独立博客、商品导购平台、用户分享网来吸引客户，赚取一定的佣金。

（2）自由的淘客：这类淘客没有固定的推广方式，无论电脑技术还是经济实力都不是很雄厚，主要利用论坛、博客、SNS平台，或者微博、邮件、QQ群等作为推广方式，很适合新手淘客。

四、网上果园，远近财富滚滚来

财富话语

网购衣服、裤子、化妆品、家电等已习以为常了，现在开始流行网购水果、蔬菜，甚至海鲜了，京东生鲜频道、顺丰优选、每日优鲜等包括水果销售商在内的生鲜电商逐渐活跃起来。顺应了这一时尚潮流，一些果农便大胆地把自己种植的水果搬到了网上去销售。

1.承包果园，第一年做了“赔本买卖”

毕婼蔚从一所农业大学毕业后，回到了家乡。由于毕婼蔚所学的是农业经济专业，许多用人单位的招聘人员听说后，都把头摇得像拨浪鼓似的。

选择怎样的生存方式，成了毕婼蔚面临的问题。一天，毕婼蔚读了一份晚报，一篇题为《新“农场主”：大学生到农村承包果园致富》的文章吸引了她的眼球。文中介绍了广东省一些大学生毕业后奔赴农村，利用他们所学的专长，在那儿干出了一番事业，也使自己走上了致富之路。

看完这篇报道后，毕婼蔚心想，人家大学生都能放弃城市的生活，到农村去闯出一片新天地，自己为何就不可以试着走这条路呢？！读大学时，毕婼蔚就梦想过将来有一天能当一名风光十足的老板，拥有属于自己的“一亩三分地”去施展才华。

一天晚上，毕婼蔚把自己打算去农村承包果园的想法告诉了家人，却遭到父母的极力反对。他们认为毕婼蔚一个城里的大学生，不安安稳稳地找份工作做，却偏要跑到农村去承包果园，这是风险很大的事！毕婼蔚知道，父母是怕她到乡下吃苦，也担心她会因此栽跟斗。可是毕婼蔚既然已经下了决心要独创一片天地，只好违背他们的意愿我行我素了！

一个星期后，毕婼蔚便着手实施承包果园的事。她通过从事林业工作的一位朋友，了解到离市区90公里的温公乡红石村有一片果园急需处理，由于原先的承包人经营不善，致使这片果园连年歉收。得知这一信息后，毕婼蔚坐上郊区公交车赶到温公乡，与该乡政府商谈承包红石村果园的事宜。

经过双方协商，最后，毕婼蔚以每年上交给乡政府16万元的价格，承包了红石村那片果园。回到城里后，毕婼蔚请了一位有种植经验的老前辈给她算了一笔账，他得出的结论是：至少要投入20万元才能拿下。需要这么一大笔钱，对于毕婼蔚这样一个两手空空的待岗大学生来说是不可想象的！毕婼蔚首先想到了在银行储蓄所工作的一位中学男同学，看他能否帮忙贷些款。当晚，毕婼蔚在他的引荐下，见了他们储蓄所的主任，谈妥了贷款的事。

有了这些钱做后盾，毕婼蔚招聘了四名有志于跟她一块到红石村去经营果园的员工，毕婼蔚答应每个月给他们1500元的工资。也就从这时候起，毕婼蔚便当上了“小老板”。

不久，毕婼蔚的“华赣果业园艺林场”（这也是毕婼蔚公司的注册名称）正式开始经营。

人们常说“创业艰难”，这一点不假。红石村是个只有十几户人家的村庄，三面环山周围只有上千亩的果林。这里的农民家家户户都不富裕，过去他们靠帮承包果园的老板做些培土、修枝和采摘的事赚钱，以维持家人的生活。

当他们来到了这样一个又小又穷的村里后，首先面临的是吃住问题。毕婼蔚带来的这些员工，虽然不是“富家子弟”，但要让他们长期住在透风的农家屋里，整天吃着青菜萝卜，开始几天还受得了，可一个星期后，就有两名员工打起了退堂鼓来。尽管毕婼蔚一再对他们说，这种苦日子是暂时的，以后的生活待遇会渐渐好起来的，但这两名员工还是辞职离开红石村返回城里去了。

为了不影响工作，毕婼蔚只好临时在温公乡当地招聘青年农民做帮手。与此同时，毕婼蔚仍然启用红石村原先在果园里干过活的壮劳力，当然工资待遇比原来的老板给的略高一些，这在很大程度上调动了他们的积极性。

到了第二年5月初，梨树、桃树开始结果了。毕婼蔚知道，目前最需要做的事便是联系批发商。为此，毕婼蔚带着几名员工赶回城里，让大家分头去联系批发商。毕婼蔚带着一位城里的员工，坐车跑了附近几个县城的一些水果批发部，毕婼蔚以比其他水果产地低30%的价格谈下了一桩又一桩生意。

到6月中旬，果园里的梨子、桃子除了少部分烂在树上外，大部分都销了出去。坐下来一结算，全部水果的纯收入为9万元。

取得初步“战果”后，毕婼蔚不敢放松自己，要知道到了年底，毕婼蔚得向乡政府交纳16万元的管理费。现在离这个数还差一大截。毕婼蔚很清楚，下半年果园里能给她带来经济收益的只有葡萄、板栗和橘子。如果这几种产品经营不好，别说这么多员工的工资成问题，就是给乡政府的管理费也难以保证。因此，毕婼蔚顶着酷暑一头扎在红石村的果园里，每天与手下的果农们日出而作，日落而息，吃的是清汤寡水的三餐，住的是蚊虫叮咬的硬板床。

当毕婼蔚几个月后回城里办事，见到家人时，他们都快认不出毕婼蔚来了。父亲心疼地说："闺女，你又黑又瘦，这么吃苦到底图个啥？"

到了9月中旬，毕婼蔚的果园开始收获葡萄、柑橘、脐橙、椪柑、石榴和板栗了。不幸的是，因这四个品种在当地市场上的竞争非常激烈，尽管毕婼蔚把价格压得很低，可仍然打不开销路。而葡萄和柑橘是有时效性的，超过一定的时间没有采摘，便会烂在树上，这种情形是毕婼蔚不愿看到的。

头一年经营最终还是亏损，父亲感叹地说："我早就劝过你，这事做不得！可你不听！这下，我看你怎么收场？"

毕婼蔚不甘心失败，元旦一过，毕婼蔚就开始计划新的一年里果园的经营方案。毕婼蔚总结了去年下半年失败的教训，想改变一下营销方式。于是，毕婼蔚在本市招聘了二十多名有活动能力的营销员。有了这批营销员为毕婼蔚跑市场，接下来的工作便是多出产品。

财富感悟

创业的艰辛是众所周知的，关键在于自己能不能把握住所选择的项目，以及对这一项目的认知程度。文中女主人公对承包果园很有信心，即便遇到挫折，也不言放弃。

2.果树"生病"，女孩在网上求教

又一年3月初，毕婼蔚本以为今年的水果长势良好，万没想到，由于去年冬季对梨树、桃树没有进行病虫害预防，致使开春后，这些果树大面积受到虫害的侵袭。望着往年这时新叶和花蕊挂满枝头而今年却像瘌痢头似的果树，毕婼蔚的心里很是发慌！

于是，毕婼蔚试着利用网上求教的方式，一方面在一些农业专业网站上发帖，请教有经验的科研专家，看看他们有什么办法对

“生病”的果树做些补救措施；另一方面，毕婼蔚又在网上查阅有关整治“病虫害”的知识，想在里面寻找“治疗”的好办法。

发出帖子的当天晚上，毕婼蔚就收到了上海一家农植物研究所一位姓祖的专家发来的邮件，他在邮件中告诉毕婼蔚，对付害虫，过去他们通常的做法是采用广谱性化学杀虫剂，这种化学农药虽然能杀灭一些害虫，但它容易造成环境污染，对人的健康有害，而且还不能从根本上杀死害虫。祖专家建议毕婼蔚使用微孢子虫治害虫，他说这种杀虫方法，效果显著、耗资低、不污染环境、对人畜安全，我国已从美国引进了微孢子虫治技术。

看了祖专家的邮件后，毕婼蔚快马加鞭地托朋友从省城买回大量的微孢子虫，立刻装进喷雾器里对生病的果树进行全面治理。果然，刚才还活蹦乱跳的害虫在这一“杀手”面前个个呜呼哀哉！毕婼蔚按照祖专家的要求，每亩使用5×109孢子连续防治害虫20天，效果确实很不错。可惜的是，毕婼蔚对已经“病入膏肓”的果树爱莫能助，只得眼睁睁地瞧着那些被害虫啃掉的枝叶不能开花结果。

大片果树结不了果，直接影响了上半年的经济收入。现在只有把希望寄托在下半年结果的果树品种上了。经过这次的教训，毕婼蔚把果树当成自己的“孩子”一样精心地培育和呵护。在科学网站上，毕婼蔚了解到在果树之间种植苜蓿可以治螨虫。据一些文章介绍，在树盘里种植有益的杂草（夏至草），这些覆盖植物花期前后能招引大量螨虫的天敌，如捕食性天敌小花蝽、草蛉、瓢虫，使其在果园内大量增殖，控制螨害。于是，毕婼蔚便把这一科学方法运用到实践中。

经过他们的辛勤培育，到了秋季来临时，一片丰收的景象又展现在面前：葡萄熟了、枣子挂满枝头、柿子黄澄澄的。趁着即将瓜熟蒂落的好势头，毕婼蔚马上调动起了二十多名招聘来的营销员全面出击。只用了一个月的功夫，果园里所有的果树都被采摘一空。到这年的年底一结算，除了应交的管理费外，毕婼蔚还净赚了42万元。

财富感悟

在遭遇出师不利的情况下，女主人公多方请教和了解解决问题的根本方法，她采取了科学方法治理病虫害，经过一番艰苦的努力，终于喜获丰收。

3. 建立果园网站，女孩成为名副其实的“农场主”

尝到了在互联网上解答现实问题的甜头后，毕婼蔚对运用网上的科学知识指导果园的实际操作有了更大的兴趣。

在以后的日子里，毕婼蔚只要一遇到难以解决的问题，便上网寻找答案，或者寻求有关专家的帮助。与互联网打交道多了，毕婼蔚渐渐发现，除了在网上能获得自己所需的科学知识和大量的经济信息外，还能把自己的想法广为传播，让全国各地，甚至海外许多国家的陌生人知道你的想法。毕婼蔚在网上还发现，一些厂家或经销公司采用网站的方式进行产品的自我推销。既然互联网有这么大的能量，为何不能好好地利用一下？又一个念头在毕婼蔚的脑海里闪现：她要申请建立公司的网站，使身处天南地北的人们了解公司的状况和发展前景，更好地把自己推销出去。

不久，毕婼蔚在互联网上注册了公司的网站。建立网站后，毕婼蔚把公司的规模、经营理念、产品品种、最新情况和价格标准等内容发布在上面。没想到，毕婼蔚的网站开通不到一个星期，就有了多方的回应，毕婼蔚首先接到了来自广东省佛山市一位水果批发商的电子邮件，他说看了公司的产品介绍后，他对“瑞光”油桃和“峰后”葡萄很感兴趣，问是否能发一个车皮过去。

毕婼蔚读完他的邮件后，当即回了一封邮件，告诉他需要的两个品种都有现货，如他需要的话，可以很快发一个车皮。佛山的这位水果批发商接到邮件后，立刻给毕婼蔚打来电话。他俩在电话中商谈了具体的价格、交货和交款方式等事宜，由于是初次打交道，对各自的诚信都不太清楚，所以在“一手交钱，一手交货”的问题

上，难免抱着大不了“吃亏就这一次”的态度。

不过，在毕婼蔚向对方发去一车皮油桃和葡萄的第二天，她就收到了佛山这位水果批发商汇来的货款。直到这时，毕婼蔚才感到，守信用的商家毕竟是多数。

第一笔生意在网上做成后，紧接着，毕婼蔚又利用网站这块阵地谈成了第二笔、第三笔买卖。近两个月里，毕婼蔚就做成了七桩外省的生意。当然，在这一过程中，毕婼蔚也上了一回当，对方同样是在网上给毕婼蔚发来要货的信息，等毕婼蔚把货发过去后，对方始终不把货款汇过来。经查实，该城市根本就没有这家水果批发部。

时间推移到秋天，由于毕婼蔚注重了科学方法对果树栽培和管理，果园里又是一片喜人的丰收景象。当毕婼蔚把自己的劳动成果发布在网站后，国内的广东、香港、澳门等地，以及东南亚国家的一些客商纷纷前来实地考察，当他们亲眼看到、亲口品尝到毕婼蔚运用科学方法嫁接出来的苹果梨和杏桃时，都赞不绝口，当即与毕婼蔚签订了这两个品种的销售协议。

毕婼蔚终于成功了，作为一个成功的女人，毕婼蔚在为自我价值的实现而感到快乐的同时，更多的是对未来的路应该如何走的思考。经过认真考虑，毕婼蔚打算对现有的果园进行扩大再生产，做个真正名副其实的女农场主。

财富感悟

把收获的大量水果挂到网络上去推销，较之传统的销售方式，这种推销产品的方式既省时、省力、省钱、面广，又见效快，体现了互联网的优越性。

财富点拨

时下，网购成为新时尚，在网上买衣服、买海鲜甚至买家

具家电都已不是什么新鲜事，越来越多的传统企业纷纷步入网络市场。当然，在网上卖水果相对其他行业来说风险比较大。因为水果的保质期很短，特别是在网购水果的观念尚未普及时，稍有不慎损失就会很大。为此，一些在网络销售水果的商家，等有客户在网上下订单后，他们根据订单的量去采购，然后配送到客户那里。由于水果的保鲜期很短，考虑到物流方面的因素，他们把市场定在了本地及周边城市，利用零库存的商业模式有效降低风险。

五、“远程策划”，坐在家里点鼠标创富

财富话语

代写各类文稿、整理网络档案、收集及下载网络资讯信息、制定商业计划书、专业制作处理各种图片等等，许多公司秘书能在办公室里帮你完成的工作，“远程策划”也能远程帮你实现。这种“远程策划”的工作方式，已在不少城市悄然兴起……

1. 坐在家中，上网做老板的“策划人”

车永存从浙江某大学中文系毕业后，回到了老家江西省鹰潭市，他首先到人才市场去应聘，可始终找不到理想的工作。

就在车永存为找工作而犯愁之际，一天上午，车永存翻阅一张上海办的晚报，从上面他读到了一则信息，文章说上海最近兴起了一种“远程策划”的自由职业，有不少的白领青年和在校大学生利用业余时间，为一些商务客户临时服务，并按时间收取酬金。看了这一条信息，车永存的眼睛顿时一亮！闪念之间，车永存忽然有了

想法：“我也同样可以选择这条‘自由职业’来做！”

说干就干！车永存按照那篇文章里提示的一些方法，首先买来一台电脑，然后注册了一个个人网站，再之后就在网站上发布车永存的个人求职主页。车永存在主页上这样写道：我叫车永存，男，现年24岁，毕业于××大学中文系，现定居南昌。曾经在一家贸易公司从事过文秘工作，现本人向各企业公司寻求一份计时或计件的策划工作，可以通过网络或上门的方式，为客户做临时性的服务，价格面议，有意者请来函来电联系，车永存的E-mail：×××××@×××××.com、车永存的QQ：××××××××××、车永存的手机：×××××××××××。

求职内容在网上发布后，车永存守株待兔地坐在家里等候需要服务的远近客户来“敲门”。

求职信息发布后不几天，第一个客户出现了，是一家金属元件销售公司。这家公司的负责人让车永存在两天之内给他们公司写一份企划书，有关资料他会发给车永存参考。具体报酬是800元，他问车永存是否愿意接受这项工作。

读了这封简短的信件后，车永存的心一阵激动，这毕竟是他的第一单生意！车永存马上给这个公司的负责人回信，告诉他，他同意接受撰写这份企划书的任务。信发出两个小时后，车永存便收到了这位负责人从网上发来的零零碎碎的介绍企业情况的资料。

当天晚上，车永存认真地阅读了这家企业的情况介绍，然后调动起了自己对企划书写作方面的知识，草拟了一份写作大纲。第二天上午，车永存按照大纲逐项地进行编写，到了傍晚7点左右，车永存已写出了初稿。紧接着，车永存便对初稿做进一步的润色，直到深夜两点多，车永存才把自己较为满意的企划书修改完毕。之后，车永存赶紧从网上把这份企划书发给了那位公司负责人。

当又一天降临时，车永存起床后坐到电脑前打开邮箱，立刻读到了那位公司负责人的回信，他在信中夸奖车永存办事效率高，而且企划书写得令他满意，他说今天下午就会把酬劳费支付给车永存。果然两天后，车永存就收到了该公司财务处汇来的820元。拿着自己“远程策划”所获得的第一笔酬劳，车永存的心里别说有多兴奋了！

尝到了“远程策划”的甜头后，车永存对这份自由职业的兴趣更浓了。没过多久，车永存又收到了另一家塑料制品厂经营部经理给他发来的电子邮件，这位经理让车永存为该厂经营部写一份营销方案，信的末尾直接标明酬劳费是400元。虽然钱不多，但车永存觉得只要是生意，无论大小，都不要放过每一次机会！于是，车永存当即给经营部经理发去了同意做这桩“买卖”的邮件。接受了写营销方案的工作后，车永存又加班加点地认真撰写。因为过去对市场营销方面的知识不太了解，所以这次写起营销方案来就比较费劲，车永存用了三天半的时间才把较为完整的营销方案拿出来。

车永存从网上把这份营销方案发了过去，对方的经理提出了一些修改意见。为此，车永存又按照他的意见对原稿做了完善工作。这样来回折腾，足足花去了五天的时间，而最后车永存一分不多地只拿到了原先答应的400元酬劳费。

经过这次很费力才赚到400元钱的体验，车永存深感到了自己知识的缺乏！使他认识到了需要加强自己各方面知识积累的必要性和紧迫感！

在以后的一段时间里，车永存一方面在网上做着“远程策划”；另一方面，车永存又大量地阅读网络上的有关企业经营管理的知识，想以此来补充自己的“能量”，为进一步做好“远程策划”打下基础。

财富感悟

不用出门，坐在家里点击鼠标就可以赚到财富，这种“远程策划”的项目，只有具备了一定写作能力的人，才可能付诸实施。

2.前往客户公司，为老板做“远程策划”

车永存在网上做“远程策划”的同时，也时常亲身前往客户公司去做计时“策划”。一天，某房地产开发公司的韩总经理打来电话，他直截了当地对车永存说：“我们公司需要一名临时策划，如果你的条件像在网上自我介绍的那样，正符合我的要求。不过，我希望你每个星期的双休日来我们公司上班。”

知道了自己所要做的工作后，车永存欣然答应了韩总经理的聘用。

从此以后，车永存每逢双休日就赶往宏大房地产开发公司去坐班。每个月发薪水时，韩总经理便按照预先谈好的“钟点价格”付给车永存。

车永存上门为客户公司做“远程策划”，除了每星期的周末两天去房地产开发公司外，车永存还在其他五天时间里，一会儿到这家公司去帮助老板打理几天办公室里文件资料的整理；一会儿又上另一家企业去做档案归类。在这些“零打碎敲”的文秘事务中，车永存每做一桩工作，都按质、按量、按时完成，决不留下“尾巴”。

有一次，一家土特产品公司的负责人让车永存把他们公司五年来的零散文件资料归档。当车永存随公司负责人走进一间保管室，这位负责人从一个文件柜里拿出一大堆上级下达的文件交给车永存说：“你把这些文件按时间顺序、种类和名称编辑成两大册交给我。”

车永存接过文件后，马上坐在办公室里开始整理起来。由于这些文件时间跨度长，增加了归类的难度。但为了按时、按质交活，车永存没有回家吃中饭和晚饭，而是叫来了快餐，在办公室里边整理文件边吃饭。直到晚上10点30左右，车永存终于完成了这位负责人交给的任务，收取了报酬。

财富感悟

“远程策划”除了坐在家里完成外，还有就是根据客户的需要，前往客户公司按“钟点”计价进行工作。这种“远程”与“近距离”结合的方式，能够满足各类客户的多样化要求。

3. 拓宽业务，给外企老板当“远程策划”

车永存做“远程策划”，不只承接国内企业的业务，还时常给外资企业做“远程策划”。一天，车永存从网上读到了一封发自福建闽南某外资企业的电子邮件，邮件中这样写道：“得知你的英语水平不错，我们公司有大量的中英文资料需要互译，同时也需要用英文或中文撰写有关营销方向、市场预测方案，以及季度、年度工作报告和总结材料等，如果你能较熟练地运用中英文书写方式完成这些工作，我们将给你较为丰厚的酬金。”车永存虽然不是学外语专业的，但他在大学读书时，外语成绩一直很不错，每次期末考试，外语的分数都不会低于85分，掌握好一至两门外语，对于应对现代社会发展对人才的要求是很重要的。他没想到，自己所学的外语现在终于派上了用场。车永存立刻回了邮件，告诉这家外资企业，答应接下他们的工作。

几天后，车永存就收到了福建这家外资企业发来的有关企业情况的介绍。车永存从介绍说明书上了解到，这家外资企业主要生产各类皮革、人造革及各类纺织布料，以及其他人造材料混合的箱、包、夹、带、服装等日用品、办公用品等高级皮制品，并且是许多国际名牌，如法国的皮尔卡丹、德国的旅行者、意大利的比华利等高级皮件的授权代理商。该公司的营销策略以营销国际市场为主，兼顾国内市场的开拓。在掌握了这家外资企业的经营项目、营销策略和营销市场的情况后，车永存便有的放矢地按照要求进行英译中、中翻英，以及用“双语”撰写出可行性的营销方案。从接受任

务到全部完成，车永存只用了一个星期的时间，当他把所有的译文材料和撰写的方案发给这家外资企业后，得到了对方较为满意的认可。没过几天，车永存就收到了第一笔外资企业寄来的丰厚酬金。

给外资企业做“远程策划”不只是报酬可观，而且还能锻炼自己驾驭语言的能力。又有一次，本市一家外资企业来了几名新加坡的商人，而这家外资企业的策划人因母亲病故请假回去奔丧了，所以该企业的老板想聘请一位临时的“远程策划”来接替这份工作。就这样，车永存应这家外资企业老板的邀请，为他们做一个星期的文秘工作。

在给这家外资企业做文秘工作的一个星期时间里，车永存不仅陪吃陪聊，还陪客人游玩。这是因为只有这样，车永存才能更近距离地接触到这些外宾，并从他们身上学到更多“与世界接轨”的新知识和观念。

当车永存结束了一个星期的临时文秘工作后，车永存确确实实感到自己的思路比过去开阔了许多！

财富感悟

虽然做“远程策划”不像稳定的策划工作那样在经济上“旱涝保收”，可是在这种“流动性”的职业中，可以让人体验到自由和快乐的气息。与此同时，通过与有作为的企业家打交道，使自己不断增长原有的知识，以及锤炼应对社会上复杂事情的能力。

财富点拨

远程策划主要是在自有工作地点（一般是家中），使用自有办公设备，通过网络所提供的电子邮件、网络即时通信和传真、电话等，同时也使用其他交通工具和联络方式，为客户提

供客户筛选预约、整理档案、制订商业计划以及联系客户等服务。许多行政策划能在办公室里完成的工作，远程策划也能远程实现。就像故事中的主人公那样，在家里完成“远程策划”的一切工作，这种方式让他过上了自由而有财源的快乐生活。故事中的主人公开办的“远程策划”顺应了这一潮流。

第四篇　商机无限

一、“恋爱宠物营”成人美事，还能挣钱

财富话语

一个名叫张燕的女孩，抱着无限希望来到深圳，却多次在职场中撞壁，万般无奈的她萌生出自己创业的想法，却没料到她的事业从此风生水起……

1. 主动出击，寻找属于自己的机会

湖南益阳女孩张燕大学毕业后，抱着去沿海城市闯荡的念头，踏上了去深圳的火车。半个月折腾下来，张燕都没有找到称心如意的工作。为了生存，她只得放低要求，最终在一家房地产公司站稳了脚步，过上了朝九晚五的日子。虽然收入也不错，但面临的压力实在太大，稍有不慎，便被领导批评得“体无完肤”。

不久后，因忍受不了分隔两地，相爱三年的男友无情地抛弃了她。工作不顺利，恋人也没了，张燕心里顿时觉得空荡荡的，一个人走在人潮拥挤的大街上，望着一对对情侣幸福地走过，感到特别

寂寞和无聊。此刻，她多想找一个宽厚有力的肩膀，可举目望去，张燕感到非常迷茫。

樱花盛开的季节，也正是张燕大学同学聚会的日子。一事无成的张燕本来不想去参加同学聚会，可是天天被同学催着，迫于无奈，张燕只好请假上了回湖南的火车。

同学聚会在当地一个有名的三星级酒店举行。看到昔日的同窗不是考上了公务员，就是当上了令人羡慕的教师，个个意气风发，还有一个同学，才工作一年，就连升四级，年薪达到了20万元。张燕只能躲在角落里，黯然伤神。

回到深圳一个月后，张燕才渐渐忘了那次让人伤心的同学聚会。也正在此时，上次参加同学聚会的一个高中同学从广州赶来，参加一个俱乐部组织的相亲大会，光门票就交了5000元。听了张燕倾诉工作后的苦恼，同学笑道："其实，你也可以组织一个相亲大会，自己创业多好。"

同学的调侃点亮了张燕的灵感：如今，高节奏的生活所带来的压力，早就让很多年轻人忙于奔波，失去了寻找另一半的激情，虽然有各种形式的相亲会，但一则门票太贵，二则真正交流的时间也很少。如果能提供一个平台，把志同道合的人聚在一起，既能找到自己心仪的另一半，又能修身养性、陶冶情操，不是件一举两得的好事么？

"五一"节，张燕陪同事去宠物医院，看到里面有很多大龄青年，通过与他们交谈了解到，大都在抱怨找不到情趣相投的另一半，张燕的眼睛一亮，这不正是自己苦苦寻找的创业机会吗？

财富感悟

有时候，商机的出现，是在不经意间的。女主人公在参加一次同学聚会后，受到了同学的启发，她把创业的目光投放到一个新的项目里——帮人相亲。

2.开弓没有回头箭

张燕把自己开店的想法和室友一说，立刻得到了她们的赞成。刘倩说：“如果把目标定在都市里养宠物的单身男女身上，大家思想活跃，又爱赶潮流，这生意准能好。”赵慧说：“在郊区，我家有栋老房子空着，一直没人住，三层楼，有围墙，我觉得，可以好好利用起来，作为我们的大本营。”

经过一番讨论后，三个人一拍即合。决定辞职成立一家恋爱宠物营。

一次，张燕将赵慧老家的房子简单装修了一下，在院子里安了几排凳子，铺上了草坪，焊接了一些专用的宠物笼子。又在火车站附近租下了一个8平方米的门面，置办了一些基本办公设备后，挂出了“恋爱宠物营”的招牌。

为了扩大宣传效果，张燕印制了一批广告宣传单，张贴在火车站、电影院、超市、居民小区的宣传栏。经常上网的刘倩还在很多城市论坛上发帖。

消息发出后不久，店里的电话是一个接着一个。有征询有没有宠物卖的，但更多的是问相亲大会什么时候召开。

见到大家这么期待，张燕和她的伙伴们开始紧锣密鼓地筹划起来。经过几番商议，“恋爱宠物营”第一次相亲聚会，选择在6月的第一个周末，因为报名的人数太多，张燕最终选择了20人参加。然后通过电话，一一通知集中的时间和地点。

那天，张燕租用了一辆大客车，将十对单身男女送到了郊区的大本营里。因为大家都是第一次参加这样的聚会，兴致很高，在等车的时候，不少男士，就主动去找自己心仪的女生搭讪。

整个聚会活动持续一天，上午是宠物才艺展示和养宠经验交流会，在交流会上，嘉宾们可以就感兴趣的问题相互切磋。

中午则是浪漫的音乐盛宴。为了营造浪漫气氛，张燕在客厅的大门上贴上一个大大的粉红色心形图案，又在客厅里错落有致地摆上十张桌子，每两张桌子之间都用屏风隔开，形成一个个独立的小包厢。每个包厢里都配备有玫瑰、布娃娃等温情礼物。每张桌子都配备了一个号码。开饭时，在浪漫的萨克斯音乐中，张燕不失时机地煽情说："尊敬的帅哥们，现在是属于你们的时间了，请拿起你们包厢里的玫瑰，送给你们心仪的美女，然后邀请她入座，最先入座的前三对嘉宾还有一份大礼奉送哦。"

午餐过后是自由活动时间，相互钟情的男女嘉宾可以进一步接触和交流。一天忙下来，张燕和她的两位搭档都累得筋疲力尽。但让她高兴的是，不少嘉宾在离开之前都留下了联系方式，并对这次聚会给予了极高的评价。

活动结束的第二天，前来的人络绎不绝，有咨询下一次相亲聚会召开时间的，也有问怎么购买宠物的。对此，张燕特意请人编写了一本宠物购买及饲养指南，免费发放给前来咨询的客户。

由于张燕她们的真诚服务，很快赢得了顾客们的信任。随着"恋爱宠物营"的口碑越来越好和知名度越来越高，开业仅仅3个月，她们先后策划了4次相亲聚会，张燕净赚了3万多元。

初次创业，就这么顺利，张燕和室友们一商量，决定进一步扩大战果。

张燕对伙伴们说："做事业，就像射箭，张开弓，就只能往前看，只有坚持，才能让我们的事业继续发展。"

财富感悟

选定了帮人相亲的项目后，在付诸实施的过程中，女主人公又进行了富有创意的"恋爱宠物营"活动，在这样的相亲聚会上，凑成了一对对有情人，也给她带来了不菲的收入。

3.做个改变自己命运的主人

一次，一个叫小乐的姑娘走进了张燕的办公室。小乐在一家外企做人事工作，平常工作很忙，寂寞时就与宠物为伴，由于今年换

了岗位，到分公司当经理，就更忙了，根本无暇照顾她的宠物。小乐说：“我找了很多家宠物托养所，不是条件太简陋，就是噪声太多。听说你们办的‘恋爱宠物营’很有特色，你们能拓展宠物托养业务吗？只要能照顾好我的纯种德国狗，酬劳方面好商量。”张燕一听乐了，这不就是自己事业拓展的机会吗？

当天晚上，三个人做了分工，张燕和刘倩负责策划相亲聚会，有着多年饲养宠物经验的赵慧则负责宠物托养管理。

不久后，张燕添置了一些漂亮的笼舍，购买了一些宠物的专用沐浴露、美容用具和一台立式空调，又重金聘请了一名宠物医生。针对不同宠物的生活习惯，她们采取不同的护理方案，比如有的宠物每天要散步，就安排员工按时出去遛遛它们，比如有的宠物喜欢玩球，就仍给它几个皮球……

当然价格也随之有所不同，少则10元一天，多则30元一天。因价格合理，护理周全。张燕推出这项服务才一周，前来托养的宠物就达到了100只。三个月后，张燕又招聘了一名心灵手巧的女孩，经过短暂的培训后，也能独立进行宠物护理工作了。

有一次，一个顾客前来托养宠物时，不无担心地说：“你们口口声声说，护理方案周全，可是我也看不到，叫我如何放心呢？”

顾客的担心不是没有道理，如何才能赢得客户的信任呢？张燕和两位搭档开始集思广益。有一天，张燕去上网时，突然灵机一动，现在网络这么发达，为什么不建一个网站，让顾客们随时都能了解到自己宠物的情况呢。

说干就干，在几个学计算机专业的同学的帮助下，一个加密网站很快就建起来了。这个网站的好处是：用户登录后，就能在自己的宠物页面看到宠物每天的生活和护理情况。

除此之外，张燕又在提高服务质量上下了一些功夫，比如她把宠物喂养和护理进行了流水化管理，有专门负责喂食的，有专门负责美容的，有专门负责摄像的，有专门做健康检查的，还有专门负责和顾客沟通、征求顾客意见的，这个点子被运用到实际操作中后，其效果立竿见影。

一次，一个在相亲聚会中成功找到女友的小伙子向张燕建议实行会员制，每年只要交纳一定的费用，不仅能进行免费托养宠物，还能参加举办的各种相亲大会，直到找到女友为止。

张燕采纳了小伙子的建议。短短两周内，报名人数就达到了400人，张燕还专门建立了两个超级群，用于会员间的沟通和交流。

年底，张燕粗粗结算一下经营收入情况。这一年，“恋爱宠物营”总共有4名固定员工，累计实现营业收入78万元，减去房租、材料等必需的成本，她们净赚了将近50万元。

半年后，张燕在广州又开了自己的第一家连锁店，不过，更让她开心的是，通过相亲大会，她也成功找到了自己的真爱。

对于下一步的计划，张燕早就想好了，就是进一步扩大经营的范围，除了继续做好相亲大会外，她会把触觉伸向“宠物相亲”上，最终形成宠物托养、宠物相亲、主人相亲的一条龙服务。

财富感悟

当被问及创业成功的秘诀何在时。张燕这样说道：“人生中总有很多偶然，每次偶然也都是一次机遇，只要抓住其中一次机会，坚持不懈，就足以改变自己的命运。”

财富点拨

相亲，这是一个十分热门的话题，相亲对于许许多多的青年男女来说并不陌生，或被家人安排相亲，或自己主动去找人相亲，或者婚姻介绍所介绍相亲，但是相亲究竟要去哪里呢？文中的女主人公抓住了人们的需求，创办了“恋爱宠物营”，通过相亲聚会和宠物管养，既成全了许多对姻缘，还托养了宠物，自己也挣到了钱。

二、“活着的面条”，兰州妹在巴黎赚取千万财富

财富话语

人们来到世界时尚之都巴黎，最想做的就是购买时装首饰。然而，一个在国内屡次创业失败的打工妹，却在这座时尚之都刮起了一股强烈的中国风，以至于让巴黎当地人都发出一声惊叹：爱我，就带我去拉面馆！

现在她的拉面馆，甚至成了巴黎文化里一道亮丽的风景线，来巴黎旅游的外国宾客，都会慕名而至，她也在短短的几年时间里，积赚了千万财富。

1.漂到巴黎，兰州女孩从危机中找到商机

和许多同龄人一样，因为家庭贫困，段雅丽初二没读完就无奈地退学了。辍学后，段雅丽来到兰州，先后做过酒店服务员、超市收银员，每月辛辛苦苦赚来的几个钱，交完房租水电后便所剩无几。在朋友的建议下，段雅丽借了2万元开了家小精品店，但由于经营理念不到位，生意惨淡。半年后，段雅丽只得将精品店低价转让给别人。后来，段雅丽又和别人一起做长途运输生意，但同样亏得一塌糊涂。两次创业失败后，段雅丽变得更加心灰意冷。

不久后，兰州市兴起了一股拉面出国风，当地政府也多次组织拉面师傅去海外发展。段雅丽的闯劲又来了，她想，既然在国内创业不顺，那就去海外试试，说不定这就是自己咸鱼大翻身的好机会。于是，她召集了几个当厨师的朋友去当地政府报了名，并很快拿到了去法国的务工签证。

国庆时，段雅丽和几个朋友一起来到了法国巴黎。安顿后，段雅丽并没有马上就去寻找创业机会，而是在巴黎的各大餐馆里转悠。经过仔细分析，段雅丽惊奇地发现，在巴黎，本地面条的形象

就像一团面酱，而有些店做的意大利面，似乎只是把一堆工业化的面条整上一堆番茄酱肉沫就是了。各大中餐馆的面条，不知道厨师不屑于做，还是做不出水平来，不是咸得要死，就是简单地把生菜和熟肉堆砌在一起，再泡一碗味精了事，生意却很红火。

段雅丽的眼睛一亮，这不正是自己将兰州拉面推销出去的大好机会吗？

一次，段雅丽去一个老乡家玩，在他家的桌子上发现一份报纸，上面有一个关于味千拉面引入中国的报道。看完后，段雅丽不禁沉思起来，日本的拉面可以引入到中国，她同样可以把中国的拉面引到巴黎，只是要想做大做强，就得坚持自己的特色。对，就是做正宗的兰州拉面。

段雅丽回去立即找朋友商量。她对朋友说："开一家拉面馆倒是很简单，但要弄得有自己的特色，就得好好先琢磨一下，先找准自己的定位，再开店也不迟。"段雅丽的提议得到了大家的认同。紧接着，他们开始了紧张的筹备工作。2008年2月，段雅丽的拉面馆在巴黎9区Faubourg Montmartre街正式开张了。这个地方，是她和朋友反复考察后定下来的，店靠近地铁，客流量大，租金也便宜。段雅丽给新店取了个雷人的名字：活着的面条。

走进段雅丽的小店，立刻会被里面的布局所震撼，小店分两层，古典装饰。段雅丽身穿唐装，在外面热情地招待着。

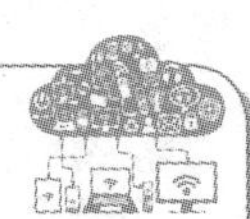

财富感悟

身在异国的女主人公偶然走进中餐的"拉面馆"，望见这里红火的生意，她受到了启发，尤其看了日本人把味千拉面引入中国的报道，她决定把中国的兰州拉面引入巴黎。

2. 创意迭出，中国女孩彻底征服巴黎

"活着的面条"店开张的消息，不胫而走。开业仅两天，小店

里就已人满为患。为了确保拉面的正宗，段雅丽请的都是国内专业的拉面师傅，做出的面条劲道而不生硬；牛骨汤是按规矩熬的，所以汤色极清。现场看拉面，这也成了客人们来吃饭必赏的一道风景。有人就专门计算过，从面揉成团，再搓成条，熟练地对折，拉长，反复6次，就是2的6次方，一大碗面有64根，约64米长。

拉面店刚开张时，店里面还保留着刀叉，可以方便当地的顾客。一次，一位来巴黎旅游的中国小伙提出建议，既然是打中国牌，提倡正宗，何不把刀叉也取消，岂不更原汁原味。

小伙子的建议，得到了段雅丽的采纳。段雅丽让员工收走了所有的刀叉。一开始，有的巴黎人不太习惯，怨声载道，埃尔·拉法兰就是其中一个。埃尔·拉法兰在附近一家银行上班，因为离得近，他基本上都是在这里吃中餐和晚餐，但自从没有了刀叉后，望着眼前的筷子，埃尔·拉法兰有些一筹莫展。

无奈之下，埃尔·拉法兰只得在员工的指导下，学习使用筷子。段雅丽原以为他来了这次，就不会来第二次了，没想到晚上他又过来了，还带来了十多个同事。有意思的是，这群人还搞起了比赛，看谁吃得快，其中有一个开始还比较斯文，段雅丽就让懂法文的员工告诉他，只管大胆吃，发出声音来，没人会笑话的。结果他竟拿了冠军。作为奖励，段雅丽给了他五张一周的免费票。很多员工对此不理解，段雅丽笑着说：“做生意，不就是要尽量留住老顾客么？今天给他优惠了，明天他就会带更多的人来。”

有一天，段雅丽接到了20碗拉面的外送单子，当时段雅丽的拉面店还没推出这项业务，但考虑到对方是老顾客，段雅丽毫不犹豫地答应了。不巧的是，店里的员工有两个人病了，没人送餐。段雅丽只好骑着可以用于送外卖的电动车，骑了二十多分钟，又爬了六层楼才到。看到段雅丽气喘吁吁的样子，顾客伸出大拇指说：“了不起，你们中国人，说话算数。”听了这番话，段雅丽感到无比自豪。

也正是凭着这种做生意的诚信，让段雅丽有了大批的回头客，就这样，来段雅丽店里的顾客越来越多，甚至许多其他餐厅的老板也过来尝鲜。

因为来的人太多，地方太小，为了加快顾客用餐轮转速度，段雅丽只好在店里打出告示：禁止使用笔记本，吃面不能超过一个小时。打出这样雷人的标语，结果反而引来了更多的顾客，一拨刚走，另一拨马上就占了位置。

财富感悟

在异国开一家“拉面馆”，这无疑给身处他乡的国人带来亲切感，与此同时，也给外国人带去好奇。有了来自这两方面的需求，自然会给“拉面馆”送去财富。

3.狂开分店，“活着的面条”给她带来千万财富

段雅丽并没有因为生意的火爆，而偷工减料。一天，段雅丽正在楼上进行巡视，看到服务员端来的一碗面，分量不足，她立即狠狠批评了服务员和厨师一顿，并亲自向顾客道歉。对此有些员工并不了解，还抱怨说：“面条分量少一点，不就能让顾客多点一些其他东西，多赚点钱么。”段雅丽只好耐心做大家的工作，她说：“一家餐馆的性价比，是客人长久掂量出来的，如果只贪图眼前利益，名声很快就会毁于一旦。我们应该要做的是，坚持为顾客着想，最终把‘活着的面条’这个品牌做大做强。”

段雅丽比以前更注重品牌形象了，不仅严把质量关，而且所有的材料都坚持从兰州运来，确保拉面的正宗品味。就拿辣椒来说吧，尽管兰州的只比法国本地的辣椒香一点点，却是保证正宗兰州拉面不可忽视的重要调味料。

小店开业短短一年时间里，段雅丽的手里就积聚了约100万欧元的财富。这时，店面狭小的弊端越来越凸显，每天都有顾客抱怨场地狭窄，吃一碗面甚至排两个小时还等不到位子。

后来，段雅丽用手中的积蓄，在巴黎开了第二家分店，接着，第三家，第四家……短短两三年时间里，段雅丽已经开了多家连锁

分店，遍及巴黎各大城区。除了在质量上继续保证正宗原味外，段雅丽还根据顾客的意见，在冬季以汤面为主，夏季则推出各式凉面。

一天，段雅丽的店里来了一位重要的客人，当时巴黎市市长德拉诺埃和他率领的十二名参议员，他们将作为大赛评委，评判即将举行的手拉面大赛。经过激烈角逐，最终来自山西的面点大师成树芳获得了冠军。

这次手拉面大赛的新闻，被刊登在法国的各大报纸上，一时间，巴黎人纷纷以去段雅丽的面馆吃面为荣，甚至有人还将浪漫的婚礼也搬到了拉面馆举行。古尔库夫和易莲娜就是这场婚礼的主角，他们是因拉面相识，因拉面相爱，并最终在拉面馆情定一生，一度传为浪漫佳话。

在巴黎经营拉面馆的几年里，段雅丽不但赚到了千万财富，也学会了一些简单的法语，交到了很多友善的法国朋友，许多人提起段雅丽，都赞不绝口地说：“这个中国女人，人好，心地也善良，很不错！”

财富感悟

如今，段雅丽“活着的面条”馆已经拥有几十名员工，她也不再是几年前那个创业到处碰壁的小丫头，而是收入达到千万元、名震巴黎的“拉面皇后”了。发财致富的段雅丽并没有忘记家乡人民，云南旱灾，她一次就捐了50万欧元。当被问到成功秘诀时，段雅丽说：“哪有什么秘诀，其实只要用心，将‘正宗’两个字做好，每一个行业都能干出一番事业来。”

财富点拨

在日趋紧张的城市生活节奏中，快餐业应该是一个朝阳产业，而兰州拉面实际上是中国式的快餐。文中的女主人公把家

乡的兰州拉面开到国外，让世界宾朋能品尝到我们中国人的面食手艺，也能了解中国的饮食文化。食不同源有时候会制造文化上的隔阂，但不同的饮食文化相互融合，又可以加深不同民族的理解。从某种意义上说，别看吃中餐这么个小事，有时也能起到“外交大使”的作用呢。

三、“微笑吧”成就我的“土豪梦”

财富话语

人生路上，总会有些不如意，也会有些无奈。而微笑这种特殊的情绪表现，可以淡化人的消极情绪，消除沮丧和痛苦。让人们寻回梦想和自信，脱离尴尬的窘境，让人的心态在沉重的压力下得到松弛和休息。用微笑来处理烦恼与矛盾，会使人感到和谐愉快，相融友好。机智而又敏捷地指出别人的缺点或优点，在微笑中加以肯定或否定。

1. 穷出来的创业梦想

郭春香，湖南省桑植县人。从小郭春香就很有动手天赋，经常能做出一些精美的小玩意拿去镇上卖钱。大三那年，因为父亲出了车祸，学费一下子没了着落，由于家庭经济困难，郭春香便退学了。

退学后，郭春香来到深圳。几经周转后，终于在宝安区的一家珠宝销售公司找了一份文员工作。

一次，一位女同事让她陪伴去做心理咨询，赶到门诊，排了两个小时队，只面谈了半个小时，就收费700元。同事告诉她，像这样的心理咨询都要预约，而且咨询时间越长，费用就越高。

在回寝室的路上，郭春香边走边琢磨心理咨询这件事。她记得以前曾听人说，经常保持微笑可以缓解心理压力。现在的心理咨询收费这么高，何不自己开一家让人微笑的店呢？这样，既可以给人们提供一个放松心情的地方，又可以自己创业当老板。于是，接下来的一周时间里，郭春香利用休息时间做了大量的市场考察。她相中了一家正想转让的饭店。这个地方，距离市中心不远，人潮密集，旁边是工业园区，正好适合开办心理咨询中心。

经过一番讨价还价，郭春香最终以每月2800元的价钱租下了那个饭店。为了节省费用，郭春香干脆辞职，自己搞起了装修。她将上下两层的饭店，分成了三个部分。楼下分为“倾诉厅”“消遣厅”，倾诉厅有专门的工作人员与之交流，消遣厅则可以点上自己钟情的饮料或者点心，彻底放松心灵。楼上为“影视厅”，影视厅里配备了一台40英寸彩电，以及一些心理健康专家讲座等专题片。

财富感悟

女主人公的一次心理咨询萌发了她的创业项目，她瞄准了帮助人们走出心理困境的心理咨询和调节市场。

2. 真奇妙啊，我的“微笑吧”顾客挤破门

为了开张后的生意一炮打响，郭春香聘请了几个大学生，到处发传单。开业那天，确实有很多人来，可是接下来的一周，却是门庭冷落。这是怎么回事呢？一天，一对中年夫妇走进了郭春香的小店，张口就问：“听说过‘床吧’‘树吧’‘酒吧’，你们这个‘微笑吧’是说相声的，还是玩游戏？”郭春香这才意识到，自己虽然将“微笑吧”的招牌打出去了，但是顾客们并不知道这个店的经营项目和服务内容。发现这个问题后，郭春香立即花了500元钱，重新制作了一个招牌，又在门口的玻璃上详细写上了“微笑吧”的经营

项目和服务内容，并且打出了一个响亮的宣传词——“放松心情，乐在微笑。”她还招聘了三名有丰富心理咨询知识的咨询师。

这一招果然有效，吸引了不少都市白领前来咨询。这些人经过心理调节后，都对郭春香的“微笑吧”赞不绝口。

有一天来了一个有严重心理疾病的顾客，是个公务员，因为抑郁症几次试图自杀，去过几次心理诊所，都没有效果。这也难不倒郭春香，在经过心理测试后，郭春香告诉他，治愈的秘诀其实很简单，每天微笑100次就可以了，一周就能有效果。果不其然，一周后，这名顾客找到了郭春香，紧握着她的手说：“我按照你说的去做，真的可以，现在我心情好了，也不郁闷了，整个人都充满了力量。”就这样，一传十，十传百，“微笑吧”的名声很快就传开了，来店里的客人也是越来越多。

生意好了，人虽然更加忙碌了，但郭春香每天都过得充实而快乐，因为年轻人比较多，郭春香店内的员工们也都有着初生牛犊似的闯劲。有一位公司老板找上门来，希望过些时候能在“微笑吧”搞员工聚会。聪明的郭春香立刻捕捉到了其中的商机，她将邻家即将到期的店铺也盘了下来，简单装修后，再配上温暖活泼、明快的黄色，这样一来，“微笑吧”就能达到一次接待50多人的规模。另外，郭春香还建立了顾客档案，并及时追踪，每个季度都将顾客的信息仔细进行整理，总结经验，提高自己的服务水平。她还选择在元旦、除夕、端午等中国传统节日时，给顾客送去温暖的祝福，一个邮件、一条短信或者一个电话，都是联络顾客感情的纽带。

这些温馨的举措收到了很好的效果，给郭春香带来了大批忠实的顾客。

郭春香还把一面墙做成了“心声墙”，每个前来“微笑吧”的顾客都可以在心声墙上书写自己的感受，很受顾客的欢迎。

财富感悟

开办“微笑吧”打出“放松心情，乐在微笑”这张牌，果然吸引了许多顾客。这些人都是冲着“微笑吧”能让他们尽情地放松心情而来的。

3. 提升服务质量，一年狂赚百万

生意做得风生水起的郭春香并不只坐等顾客的到来。后来，郭春香又联系厂家，赶制了一批心理健康、阳光心态知识宣传图册，低价卖给顾客。因为内容充实，且图文并茂，图册一问世，就受到了顾客的喜爱。

一天，一位顾客找到郭春香说：“你的‘微笑吧’创意的确不错，我每个周末都要来坐坐，但是我总觉得少了些什么，不太完美。”郭春香立即意识到这是自己提升服务质量的好机会，于是她很热情地向顾客询问建议。看到老板如此诚恳，顾客便说：“你看，要是能在吧台里放点轻音乐，再在门口放些鲜花，品位和档次就会提高很多。”

那位顾客的话让郭春香茅塞顿开。现在都市人的压力这么大，大家来“微笑吧”的目的就是想给心灵放个假，而且，根据顾客档案来看，来这里的大都是回头客，形成了一种持久的消费。如果，能提升“微笑吧”的品位和档次，那不是更让顾客把这里当成他们的第二个家吗。

郭春香是一个想到就做到的人，她马上去电器商场订购了一套音响设备，又与花卉租赁公司签下合同，每天都让他们送来紫罗兰、百合、茉莉花等十多种赏心悦目的时令鲜花，摆在大门和每个桌位上。

能不能进一步提高“微笑吧”的文化内涵呢？为此，郭春香又开动了脑筋。有一次，她去商场购物，看到很多服装店都有自己的

内刊。郭春香心想，能不能也做一本自己的内刊呢。回去以后，她迅速和员工们商量，几天以后，一个以微笑心灵的创意杂志方案便出来了。杂志每两个月出一期，主要包括每月主题、心灵笔记、减压良方、情感故事等。郭春香把杂志的稿约贴在了门外的广告板上，让她没有想到的是，短短几周时间里，她就收到两百多篇来稿。

再经过一周的忙碌，内刊终于成功出版，郭春香把杂志发给每一个来店里的人，反响相当强烈，不少顾客把阅读杂志比喻成吃一顿陶冶心灵的美餐，看后心情爽快。

随着郭春香的不断努力，她的“微笑吧”每天都在演绎精彩，每天都在快乐地成长。如今，她已经在深圳开了第二家分店，职员达到了几十名，年收入超百万元，她也从一个曾为生计奔波劳累的蓝领，变成了让人羡慕的“时尚创业达人”。

财富感悟

郭春香成功了，她的成功告诉我们，将想象力发挥到极致，同样能变成生产力。这个世界上，心理正常的人谁不会微笑？可是谁有郭春香那样的想象力，能把“微笑”变成创业。因此，一个人要成功，不一定与你的学历、出身相关，只在于敢不敢去创造、去拼搏。面对创新创业，没有做不到，只有想不到！

财富点拨

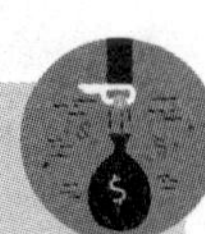

俗话说“笑一笑，十年少”，笑口常开可以消除精神紧张，避免情绪抑郁，还可以提高免疫力。医学家通过研究，开发出一种男女老少均适用的笑疗法。具体细节如下：① 早上洗脸与晚上沐浴后，站在镜子前，一边观看自己的形象，一边开口大笑；② 每天照镜子一次，每次3分钟；③ 平时也可以手拿小镜子开口大笑。文中的主人公创办的“微笑吧”，给不少

有心理疾病的人提供了疏导和宣泄的场所，同时也给她赢来了财富。

四、阳光女孩开了家“吉祥专卖店”

财富话语

有些人相信在本命年里一定要穿红色内衣或佩戴红色饰物，这一年才会大吉大利、一帆风顺，因为这种传统观念，所以每年在12月到次年2月份，商场的红色衣服、红色袜子、红色鞋子、红色内衣等就卖得十分畅销，“红色”经济开始兴起。

1.红色吉祥物，瞄准本命年经济

南昌市环城路附近有一家本命年物品专卖店，是一家非常有特色的小店。店面虽不足20平方米，但一眼望去，红衣、红内裤、红腰带、红挂坠、红围巾、红晶石摆件、红珊瑚手链等等，各种红色吉祥物让人目不暇接。

店主是一位满身青春气息的女孩，她给人的第一印象是：阳光、另类而开朗。店主叫伍欣兰，江西师范大学美术系毕业，给别人做了两年多的“色彩顾问”，后来就开了这家专卖店。

伍欣兰参加了一次大学同学聚会。聚会上，有同龄的一男一女同学开玩笑，今年是他俩的“本命年”，男同学问女同学穿了红短裤和扎了红腰带吗？女同学羞涩地笑骂了他。接着，这群同学围绕“本命年”穿戴的话题展开了大讨论。有的同学感叹说，现在市场上缺乏专卖“本命年”的各种吉祥物，他说如果有这样的专卖店，肯定会有市场的。这位同学的一席话，触动了伍欣兰，心想，自己完全可以抓住人们在“本命年”图吉利这一心理，搞一个以本命年为主题的专卖店。

伍欣兰的父母都是下岗工人，供她读完大学，家里已经差不多“砸锅卖铁”了，哪里还有钱资助她开店。

伍欣兰只能利用一部分做色彩顾问时赚的钱，另一部分钱是向在银行工作的同学父亲贷款，开了本命年物品专卖店。

投资开店所需的费用：租店面年付26000元、进货7万元左右、应付各种税收及水电1万元上下，合计大概11万元。

在被问到：“为什么把整个店堂搞成红色的”时，伍欣兰回答说：“我想呀，民俗中，都有在本命年挂红避邪躲灾的传统。红色辟邪、红色吉祥，这种观念早在原始社会就已经存在了。因受本命年文化的影响，本命年的人大都喜欢穿红内衣、戴红色吉祥物，寄托他们对于本命年的特殊祈福，希望本命年自己能顺利、平安。我是学美术的，对色彩有自己的喜好，红色历来是我钟爱的颜色，因为红色是太阳的颜色、是血的颜色、是火的颜色。顺应了人们对红色的需求心理，我决定把红色作为专卖店的主色调。”

财富感悟

人人都有自己的本命年，而在中国的传统习俗里，本命年的人要穿红、戴红，用以避邪。正是国人的这种自古以来的习俗，催生了女主人公创办“吉祥专卖店”。

2.各取所需，老少皆宜

伍欣兰在年初从市场上了解到，在少男少女中流行戴本命年转运珠的信息后，她抓住这个卖点大做文章，从上海一家名牌珠宝店进购了大量的转运珠，由于比本市一些珠宝行的售价低，吸引了众多少男少女前来购买。在不到一年的时间里，她已经售出了2000多串生肖转运珠。

某一天，一位中学生模样的女孩走了进来，她开口就问伍欣兰，有没有虎年生肖的转运珠卖？得到的回答是肯定的。伍欣兰站起身，走到货柜前，从里面拿出一盘缀有虎图案的转运珠首饰。女孩一见有这么多品种供她选择，顿时眼花缭乱，一时不知该如何挑选。伍欣兰即刻参谋道：“我看你适合这串深红色的，它能强化你的气质、衬托你的肤色。”女孩一听有道理，眼睛闪亮了一下，说：“就拿这串吧，但愿它能给我带来好运！”她兴奋地戴上了这枚转运珠。

购买转运珠的女孩带着满足的心情刚一离开，又有一年轻人搀扶一老者走进店门。他们是来买拐杖的。年轻人说今年是老爷子的本命年，年轻人想孝敬老爷子一根虎头拐杖，别的店里只有龙头的，没有虎头的，问她有没有货？伍欣兰说，“你们找对了店家，这里正好有你们需要的东西，还是红木的，只是价格会贵些”。“价钱不是问题，只要老爷子满意就行！”年轻人显露孝敬的神色。

一看伍欣兰递过来的红木虎头拐杖，老爷子满是皱纹的脸上有了高兴的表情。年轻人当即买下了这根拐杖。

就在一老一少挑选虎头拐杖之际，一位女士悄悄来到内衣内裤专柜前，她左看看，右瞧瞧，好像在选择某种吉祥物。

等一老一少离开后，女士过来问伍欣兰有无本命年穿的绣花内衣，伍欣兰立刻指着几套鲜红的内衣向那位女士介绍说，这都是今年本命年的新款，伍欣兰指着其中一套介绍道：“这套内衣上绣着5朵玫瑰，下身内裤也绣着5朵玫瑰，正好10朵，寓意十全十美，销售价格为199元，寓意着长长久久，最适合本命年穿着。”这位女士在伍欣兰的推荐下，一下子购买了4条。

这一天只在两个多小时里，伍欣兰就做成了13单生意，可见吉祥物生意的红火程度。

伍欣兰说：“平日里这样的销售还不算多，双休日那两天，经常多得忙不过来。”

财富感悟

女主人公围绕“吉祥”大做文章，她依据不同年龄段客户的需求，把“本命年经济”做得有声有色。

3.遭遇不顺，调整经营方式

伍欣兰的吉祥物专卖店在经营过程中也并不是一帆风顺的。

刚开始，小店经营情况顺风顺水了一段时间，每天有800元左右的营业额进账。可半年后，却陡然下滑到每天400元，甚至200元的底点。

伍欣兰探究了原因，原来附近另一家店效仿她的创意，也开了“红色老三件精品屋”。有了相似的竞争对手，自然对她的店形成了冲击。怎么办？是任其滑坡下去？还是调整自己，与竞争对手一争高下？伍欣兰没有犹豫太久，她选择了后者。

她把自己的经营面积扩大，采取开放式的经营方式。大量购进了与“本命年”有关的用品，她围绕着吉祥用品、祈福、晋升、升学、生日、乔迁、结婚、生子、特殊纪念日等大做文章，分类摆设销售。不仅如此，她还抓住“猴年”（当时是2016年）这一主题，在与产品制造商定购用品时，着意把“金猴”的形象添加上去。她知道，这样做，能够讨得众多顾客的欢心。

由于专卖店的品种丰富、能够满足各类顾客的需要，没过多久，小店门庭若市的繁荣景象又回来了。

当猴年被鸡年所取代，她随时而变，改换新的花色品种，在与产品制造商定购用品时，一再强调大公鸡形象的刻画。在红外套、红棉袄、红袜子、红鞋子，以及玉佩、玉镯等物品上，统统烙上大公鸡的光辉形象。与时俱进的调整，时时激活着她的小店。

尽管势头平稳，可她越来越不满足于小打小闹了，春节一过，她采取了主动招揽生意的经营手段。她知道，要把生意做大做强，

就必须加大广告宣传，让更多的人了解自己小店经营商品的独特性。于是，她抽出一部分流动资金，通过电视、广播、报纸、公交车、户外条幅和广告牌，甚至通过发送手机短信、在商业网站上粘贴商品信息等方式，大张旗鼓地宣传她的专卖店。

宣传不负有心人，没过几天，广告效益出现了！除了城里的一些顾客前来光顾，临近县城和郊区的老百姓也慕名而来。当然，他们（或她们）都是冲着本命年吉祥物而来的，有的是给自己买，有的是为儿女买，还有的是替家人或亲戚买，在这些前来购物的人中，大部分人的心态都是图吉利、保平安。

财富感悟

随着人们对多样化、多层次精神文化产品需求的日益增长，本命年文化以其独特的风格和特点，越来越受到人们的钟爱。本命年用品卖的是吉祥，迎合了消费者的心理，有需求才有市场，这种需求便从简单的物质消费，发展到精神消费、信仰消费的高度。从这个角度来看，开一家“本命年吉祥专卖店”的市场前景看好。

财富点拨

在一些以“本命年”为主题的商铺里，红色应该是店里的主色调。不少人认为，在本命年里穿红色比较吉祥，有“一红到底”的意思。穿上红色衣物饰品是为了讨个好兆头，因此在每年的12月到次年的2月份，“红色”经济就悄然兴起。因此，每逢农历11月15日，人们便开始扎红、穿红、系红腰带，尤其是在本命年，人们穿戴红色吉祥物，以祈求来年诸事顺利，吉祥平安。

五、色彩顾问：传播美的财富女人

财富话语

“爱美之心人皆有之”。现代社会，人们在穿着、居住、购物等方面都讲究“外包装”，从色彩、图案，到造型，都注重美感。而商家为了吸引顾客，也同样要讲究产品的美观，这样一来，又有一个新型行业由此诞生了。

1.广告设计师发现的“审美”商机

1998年，随着中国第一家色彩咨询工作室的开张，色彩咨询的概念开始进入中国。和其他所有的新兴行业一样，色彩咨询业在中国也将有着巨大的市场发展空间。

崔韵虹从浙江杭州的中国美术学院毕业回到家乡后，很快应聘到了一家广告创意公司从事广告设计工作。

崔韵虹对于这份职业是比较满意的，为此，她全身心地投入广告设计工作中。

转眼，崔韵虹来广告创意公司已有两年多了，在这一期间，崔韵虹设计的各类广告图案赢得了许多客户的赞誉，崔韵虹在当地的广告界也算小有名气。

一天上午，一位长相靓丽的女孩走进了广告创意公司，她对崔韵虹说：“崔设计师，我想请你帮我做一个人的形象设计，同伴们都觉得我的装束很俗气，你能否给我包装得高雅一些？”崔韵虹答应了女孩的要求。

当天中午，崔韵虹就陪女孩来到一家服装商厦。崔韵虹按照女孩的身高、体型、肤色、性格特征，为她搭配了黄褐色的束腰翻领上装和深棕色裤子；在鞋店，崔韵虹给她挑选了一双乳白色中跟皮鞋；到了化妆品店，崔韵虹又为她选中了浅灰色眼影和暗红色

口红……

一个小时后，女孩以崭新的面貌出现在众人面前，女孩很满意，她当即强行塞给崔韵虹100元钱的个人形象设计费。临分手时，女孩对崔韵虹说：“崔设计师，你完全可以自己开一家靓化导购公司，现在爱漂亮又有钱的女孩很多，我肯定你会有市场的！”

这晚回到家里，女孩留给崔韵虹的话一直在脑海中翻腾：是呵，我总不能一辈子为老板打工吧！我可以利用自己大学所学专业的优势，开一家符合潮流的公司，自己做老板。

财富感悟

有时候，商机的发现，是在日常不经意的商务活动中，或是经过第三者的提示来确认的。此故事中，女主人公准备放弃打工，选择自己做老板，也是对自己的才能充满信心的一种表现。

2.“靓化工作室”：为爱美人士做“色彩顾问”

崔韵虹很快就辞掉了广告创意公司的高薪工作，开始着手筹办一家以她的小名命名的“虹虹靓化工作室”。

一个月后，“虹虹靓化工作室”正式开业了。第一天上午，前来看新奇的人络绎不绝，但绝大多数人，只问不做。即便到了下午，也是同样的情形。

第一天就出师不利，到了第二天，仍然维持原状。

直到第三天上午，才有两位结伴而来的白领丽人进了门。她俩想让崔韵虹帮助挑选适合她们自身特点的服饰、纱巾、胸针、头饰、背包和口红、眼影、粉饼。经过两个多小时的“陪选”，赢得了两位客户的满意，崔韵虹从她们手中得到了80元的酬劳费。

做成了第一笔生意后，崔韵虹对自己做“色彩顾问”总算有了一点信心。

两天后，一位在外资企业当主管的刘女士走进了工作室，想让她帮助自己挑选一套职业装。随后，崔韵虹陪刘女士逛了几个大商场，最后选中了一套符合她身份和性格的职业装。

后来又做成了几单生意，但是过了一个多星期，崔韵虹的工作室开始冷落。她冷静下来分析了出师不利的原因，发现自己开业前后在宣传方面不够用心。

为了打开局面，崔韵虹决定拿出一部分资金，在市内几家媒体上对“虹虹靓化工作室”的服务宗旨和项目做一番宣传。此后，广播、电视、报纸和户外条幅广告上，随处可见、可听到有关“色彩顾问”的消息……

由于宣传到位，没过几天，一位常在电视屏幕上出现的女主持人走进了工作室。她对崔韵虹说：“我是电视台的，我想改变一下自己在屏幕上的形象，希望你能帮我重新设计一套靓化方案。”

当晚，崔韵虹为女主持人设计了一套既符合她的职业特点，又不失时尚潮流的服饰和彩妆搭配方案。

第二天一大早，崔韵虹把这套设计方案拿给女主持人过目，女主持人准备付给她200元的设计费，可崔韵虹却不但不收她的设计费，反而递给女主持人800元钱，她解释说：“我想让你在主持节目时，帮我在画面的旁边，打出‘本主持人的形象设计由靓化工作室提供’的字样，这也算我再次在你们电视台做广告吧。”

三天后的傍晚，崔韵虹在电视屏幕上，亲眼看到了女主持人依照她设计的服饰和彩妆，以及标注的字幕。

经过电视女主持人的“活广告”宣传，在随后的日子里，一些白领上班族，以及电视、美容、化妆品等行业的女性纷纷走进了靓化工作室。这样一来，崔韵虹的业务范围逐渐扩大了。

财富感悟

自己做老板也非易事。俗话说“万事开头难”，如果当事人能在创业时挺过艰难的初创期，调整并选择好前进的方向，

成功就会向你招手。此故事中的女主人公，便是在遇到“出师不利”时，改变经营策略，加大广告的宣传力度，终于取得成效。

3.扩大靓化范围，“芝麻西瓜”全都要

虽然崔韵虹给不同行业、不同年龄、不同性别的个人做“陪选”生意较为红火，但她居安思危地想，如果自己不扩大经营范围，路会越走越窄的。

此时，崔韵虹有了拓展新业务的想法。一天上午，一位男青年走进工作室，他说自己买了一套商品房，已经装修得差不多了，想让她帮助在陈设的靓化上做个参谋。

下午两点钟，崔韵虹来到了男青年的新房，把每个房间都巡视了一遍。

当晚，崔韵虹就设计出了三张家具色彩配搭和款式效果图。

一个星期后，应男青年的邀请，崔韵虹再一次走进了他的新房，映入眼帘的是高雅、别致和清新的家居布置。男青年激动地交给崔韵虹660元的设计费。

一天早晨，崔韵虹接到了某公司涂总经理打来的电话，说想聘请她为他的别墅装修做美化和监督工作。

一个多小时后，崔韵虹和助手来到了位于近郊的一幢三层别墅前，对它进行考察。

然后，崔韵虹就精心地为别墅设计出最佳的靓化效果图。在接下来的时间里，崔韵虹坐镇涂总经理的别墅。经过整整两个星期，涂总经理别墅的室内布置完工，在得到涂总经理亲自验收后，崔韵虹的全部任务才算完成。

这一单大买卖，崔韵虹从涂总经理的手中收到了2800元的设计费。

开拓了室内色彩顾问布置的市场，从中打开了崔韵虹的思路。

一天上午，崔韵虹去参加了一个产品展销会，一位做饮料品生

意的老板希望她能搭配一下这些乱糟糟的产品摆设。

崔韵虹按照色彩冷暖和谐的原理，对现场零乱的产品进行了合理的靓化配置，使这家饮料品展销摊位面貌一新。这位老板喜笑颜开地把300元酬劳费交到崔韵虹的手里。

由于崔韵虹开辟了新的服务项目，先后有不少的厂家或公司前来崔韵虹的色彩顾问工作室，让崔韵虹给产品外包装的靓化出谋划策，或给展销活动做产品布置方面的色彩顾问。

国庆节那天，一家保健食品公司在中心广场要搞一次大型产品促销活动，崔韵虹只用了一个多小时，就把一台气氛热烈、色彩醒目的大型展销会场呈现在人们面前。

崔韵虹在承接产品销售活动靓化业务的同时，还穿插承揽了一些厂家或公司产品包装的靓化和改换业务……

“虹虹靓化工作室”已经开业一年多了，生意越做越大，崔韵虹感到她的工作室人员力量远远满足不了市场需求。于是崔韵虹通过人才市场，招聘了十二名艺术专业毕业的大学生来充实队伍。最近，崔韵虹已经把“虹虹靓化工作室”改为“美生靓化导购公司”。

财富感悟

小范围的成功，并不代表真正的成功。只有全方位的成功，才是真正的成功。此故事里女主人公在做老板的过程中，没有局限于小范围的成功，而是乘胜前进，把小成功扩展开来，尝试着在各个领域做大做强，最后取得了大面积的成功。

财富点拨

色彩顾问目前在中国普遍指的是为个人提供色彩搭配咨询的职业，是一个比较单方面的行业。色彩顾问也可以说是为各行各业提供色彩顾问咨询的职业，但要真正成为高水平的色彩

顾问，难度也很大。目前中国大陆还没有这方面的培训机构，在人才培养方面根本达不到行业色彩顾问的要求。虽然国内以个人为对象提供色彩顾问搭配的培训机构比较多，但培养质量普遍不高。目前为行业提供色彩顾问的大多是一些高等院校和专业研究机构的专家级人士，人数不多。

个人色彩顾问的工作是为个人的服装、化妆、形象设计等方面，进行色彩分析、色彩搭配、色彩运用等提供咨询指导，也是目前在色彩咨询业中最为大众所易于学习、掌握的专业技术。本文女主人公崔韵虹选择做“色彩顾问”，正是看准了这个符合时尚潮流并且紧缺的职业，因此其前景非常看好！

第五篇　奇思妙招

一、女性防身俱乐部，智取“色狼”来财富

财富话语

职场性骚扰对女性的伤害更深，因为它可能是一种持续性的性骚扰，公共场合性骚扰往往有可能是瞬间的，它这种对女性的持续伤害性和工作场所的性骚扰比较起来，应该说工作场所的性骚扰对女性伤害的程度更深，所以培训职场女性预防性骚扰，也能成为商机。

1.开办“女子防身俱乐部”

陶晓晴从师范大学体育系毕业后，就到人才市场去应聘找工作。因招聘广告和摊位前大都招收热门专业的人才，而学体育的她只能望洋兴叹。

无奈，陶晓晴只能在家待业了一段时间。一天，陶晓晴在街上闲逛，她在一家超市受到了一位男人的性骚扰，学体育的她，很快凭借自己学过的几招武打动作制服了这位好色之徒。

回到家里，陶晓晴回想起了过去耳闻目睹男人的“好色”事件：女职员在办公室遭经理的性骚扰、女孩上卫生间被变态男人偷窥、下班女工深夜遭歹徒性暴力、女人在公交车上遭好色男人骚扰……

一想到这些，她猛然有个想法，何不自己做老板，创办一家“女子防身俱乐部”，这样就可以帮助许多女性朋友增强自身的防范能力。她觉得这个投资项目肯定会有市场。

两个月后，陶晓晴正式创办了“女子防身俱乐部”。在她的“女子防身俱乐部”的服务内容里，设立了“女子实战训练”“预防性骚扰的小招术”“‘防狼’交流平台”等课目。陶晓晴准备结合自己在深圳期间与“好色男”周旋的体会，言传身教地教女孩子们如何对付那些“非礼男人”。

开业的第一天上午，鞭炮响过之后，前来看新鲜的人络绎不绝，但绝大多数人只问不做，真正想报名的人一个也没有。即便到了下午，也是同样的情形。

第一天就出师不利，让陶晓晴的心里多少有些不舒服。到了第二天，仍然没有打开局面，陶晓晴开始怀疑“女子防身俱乐部”的可行性。

直到第三天上午九点多，才有两位结伴而来的白领丽人报名，陶晓晴一问才知道，她俩都有遭遇“好色男人”性骚扰的经历，她们来这儿是想学一点应对的方法。

此后的一个星期里，前来报名的女子总共只有五人。虽然人数不多，但陶晓晴为了打开局面，她仍然按承诺的时间开课。

开课的第一天，陶晓晴首先给会员们上“女子实战训练课”，教她们如何应对“非礼男人”突如其来的性骚扰，比如“海底捞月”就是用脚踢中对方的裆部，“双龙戏珠”是用双指直扑对方的双眼。她对会员说，这些招术是弱女子在面对强悍男人威逼的情况下使用的绝招，不到万不得已，不要随便出手。

第二课，陶晓晴讲了“如何应对办公室性骚扰”，她从理论与实用相结合的角度，向会员传授说，如果遇到男同事性骚扰的语言，你就直接告诉他："对不起，你跑题了，我对这个话题没兴趣。"或者说："我们还是谈公事吧，少闲扯！"如果他仍然说骚扰的话，你干脆起身去洗手间，把他晾一会儿。等从洗手间回来后，你再把话题重新转到工作上。如果这时候他还不识趣，继续说些"流里流气"的话，你就再去洗手间，如此反复，直到他明白为止。这样，既给他留有面子，又让他明白你的态度，同时也暗示：你随时会让他没有面子的！

随后的几天里，陶晓晴与会员又进行了面对面的交流和指导，这种互动形式，深受会员的喜爱。

一个月过去了，尽管陶晓晴与仅有的几名会员互动得很好，可由于人数太少，使她的收入与付出不成正比，这让她的心里产生了焦虑情绪。她心想，这种门庭冷落的状况，如果不改变的话，过不了多久，就得关门歇业了。

经过两天的思考，陶晓晴找到了生意清淡的症结：宣传力度不够！

为了打开局面，陶晓晴决定拿出一部分资金，在市内几家媒体上对"女子防身俱乐部"的服务宗旨和项目做一番宣传。此后，广播、电视、报纸和户外条幅广告上，随处可见、可听到有关"女子防身俱乐部"的信息。

由于宣传到位，没过几天，就有一个"小团队"的女士来到"女子防身俱乐部"，她们中一位带头的对陶晓晴说："我们是中学同学，今天搞同学聚会时，大家议论到被好色之徒骚扰的事，都深有感触，正好看了你的宣传广告，所以就结伴来你这儿报名。"

一下子来了这么多的"会员"，陶晓晴在激动的同时，也为自己当初加大宣传的决策而自得。

财富感悟

创办一所教女人如何防止男人性骚扰的俱乐部，向学员们传授运用智慧和身体技能击退"好色男人"的实战方法，这个项目有一定的投资商机。

2. 智取“色狼”有方，女老板为会员“出谋划策”

在“女子防身俱乐部”的活动中，深受会员喜爱的一项科目是：针对某个会员遇到的新问题，老师或其他会员会献计献策，帮助她“度过难关”。

一天晚上，会员童玉莲对陶晓晴讲述了自己最近遇到“好色男人”骚扰的事。原来一天上午，童玉莲接受了公司老总的指令，让她代表公司去与一家土特产品公司商谈一批笋干外销的业务。当天下午，童玉莲坐公司的车来到土特产品公司，与该公司的业务经理廖通见面。她发现，这位廖经理自始至终看她的眼神很不对劲，而且在谈生意时，他总会冒出几句挑逗性的黄段子。这让童玉莲很不舒服，但她并没有显露出强烈的反感情绪。

第一次洽谈生意没有结果，廖经理约定周末晚上到星华大酒店继续商谈。

从土特产品公司回来后，童玉莲初步断定廖经理是个好色的男人。周末要不要去赴约，童玉莲的内心很矛盾！她想征求陶晓晴的意见。陶晓晴听完童玉莲的讲述后，鼓动她说：“这个约，你一定要去！为了促成这笔生意，也为了防范廖经理的性骚扰，你前去赴宴时，可以把一枝录音笔藏在口袋里。”

在陶晓晴的策划下，周末的晚上，童玉莲来到“星华大酒店”的包房里。童玉莲坐下后，廖经理就有意向她靠近。当酒水上来时，廖经理一边劝酒，一边从嘴里说着令人难堪的黄段子。这时，童玉莲趁他不注意，打开了口袋里的录音笔。

几杯酒下肚后，廖经理开始对童玉莲动手动脚了。尽管童玉莲一再警告他，可他却充耳不闻。

童玉莲很严肃地对廖经理说：“请别这样，你昨天不是承诺说，我们今天要签合同的吗？”

廖经理立刻涎笑道：“那要看你的表现如何？你如果不依了我，这笔生意就别谈了。”

一听廖经理想赖账，童玉莲马上站起来，愤怒地对他说：“你太无耻了！我要向你们公司的总经理告发你！”

谁知，廖经理对童玉莲的严正警告根本不放在眼里，他狂妄地叫道：“你去告吧，别用总经理来吓唬老子，老子不怕！”

童玉莲没有再多说什么，即刻起身离开了酒店的包房。

当晚回到家里，童玉莲给陶晓晴打电话叙述了与廖经理的接触过程，陶晓晴又马上给她出谋划策，让她第二天去土特产品公司找了廖经理的顶头上司，向他反映廖经理的所作所为。

童玉莲按照陶晓晴说的去做了。土特产品公司的总经理听了童玉莲录音笔录下的对话后很愤怒！总经理当即代表公司向童玉莲赔礼道歉，并答应亲自与童玉莲继续签订笋干外销的业务合同。

几天后，童玉莲得知那位好色的廖经理被土特产品公司炒了鱿鱼。

童玉莲在陶晓晴的亲自策划下，用智慧战胜了好色之徒，这样的结果，令她对童玉莲心存感激。

没过多久，陶晓晴听会员林瑾桦说，她所在的公司里有一位小头目这几天老纠缠她，一会儿给她送花，一会儿又向她表达爱意，一会儿又邀请她晚上单独去泡酒吧。林瑾桦都婉言谢绝了他的好意，可小头目仍然纠缠不休。

林瑾桦向陶晓晴讨教道：“你说我该怎么应对这种死缠烂打的小头目？”

听了林瑾桦的表述后，陶晓晴马上问道：“这个小头目有多大年岁？”

林瑾桦回答：“三十六七岁了。”

“他有老婆、孩子吗？”

“有。”

陶晓晴一听这话，她给林瑾桦出主意说：“这好办！你可以先去了解小头目的家庭情况，有机会的话，接触一下他的老婆，在可能的情况下，与他老婆建立良好的关系。这样一来，那位小头目就会增加顾虑，也就不会再来纠缠你了。”

听完陶晓晴的“策划”，林瑾桦决定一试。

正像陶晓晴所言，林瑾桦在与小头目的妻子接触后，小头目再也没有来纠缠她了。

躲过了一劫的林瑾桦，对陶晓晴所传授的智取色狼的方法，觉得很实用。

随着时间的推移和会员的口口相传，前来参加“女子防身俱乐部”的会员越来越多，陶晓晴为了方便会员“随进随出”，制作了月卡、季卡和年卡，每一种会员卡，都同样能够享受交流和接受辅导的待遇。

元旦那天，为了增强会员的身体素质、促进会员间的交流，陶晓晴组织了一次为期两天的郊外“暴走”活动。一大早，由陶晓晴领队一行27人的“暴走队伍”，从市区出发，向40里外的云龙山进发。下午14点左右，大部队到达了云龙山脚下。陶晓晴选择了一块较为平坦的草坪，作为野炊的场所。大家三五成群地在用塑料薄膜铺开的用餐席上，拿出各自带来的干粮、饮料，边吃喝边兴致勃勃地交流。吃过中餐后，陶晓晴在原地给会员上“女子实战训练课”。她亲自做示范，教大家练习各种“防狼”动作。随后，陶晓晴又安排登山活动。

夜晚时分，陶晓晴让大家搭起帐篷，露宿山脚下。这一晚，让会员们体会到了做“山里人”的感觉。

结束了“暴走”和“露营”活动，回来的路上，有会员深有感触地对陶晓晴说：“希望女子防身俱乐部以后多搞一些这样有意义的活动。”

三八妇女节，陶晓晴为了把“女子防身俱乐部”搞得更加有声有色，她组织了一台以“尊重女性就是好男人”为主题的晚会，以小品和讲故事的形式为主，辅以歌舞节目。这天晚上，在“女子防身俱乐部”的大厅里，前来参加晚会的除了全体女会员外，她还邀请了不少男同胞来助阵。由陶晓晴自编、自导、自演的一部小品《收起你的色心》，特别受到大家的喜爱……

财富感悟

开一家“女子防身俱乐部”，除了教给女学员一些应对性骚扰的智慧方式外，还有一项重要的内容是教给女学员如何通过一些身体的招术来应对性骚扰。“女子防身俱乐部”所教的防身术，不是复杂的擒拿散打，而是简单实用的“一招制敌”。从某种角度来说，开办“女子防身俱乐部”顺应了女性同胞的安全需求，授人技能又挣钱。

财富点拨

随着人类社会的发展，随着文明程度的进一步提高，人们对一些语言或行为日益感到反感，这种语言或行为就是通常所说的性骚扰。尤其在职场中，我们都有可能经常会遇到性骚扰，无论男人或女人，尤其以女性受到性骚扰的情况居多。根据调查，在我国职场上有将近半数的女性都曾经历过不同形式的性骚扰事件，其中尤以20 ~ 29岁的未婚女性受伤害最多。由此可见，开办诸如“女子防身俱乐部”，用以向女同胞传授预防色狼知识和提高自身防卫能力很有必要，尤其会受到广大年轻女性同胞的欢迎。

二、“婚姻指南服务部”，情感危机的家园

财富话语

随着我国市场竞争的日益加剧，面对工作与生活双重压力，人们在忙于打拼事业的同时，往往忽略了对婚姻和家庭的

维护，情感困惑问题日益严重，家庭的不稳定性正在逐步上升。持续走高的离婚率催生了新兴职业——婚姻指导师。婚姻指导师的出现和渐次走俏，无疑也是一种社会进步，凸显了人们对婚姻和家庭的重视。

1.女白领想做“婚姻指导师”

欧阳惠敏大学毕业后，进入了一家贸易集团公司做文员，在这里她有着优厚的待遇，可她并不满足于现状。她利用业余时间，报名参加了本市一所民政局办的婚姻家庭指导师的培训班，经过半年多的学习，领取了结业证书。

欧阳惠敏对笔者说，她参加培训前，对婚姻家庭指导工作做了深入了解，觉得这个行业很有发展前景，也有意专门从事这方面的工作。但培训结业后，她并没有找到一份新工作，仍在原公司上班，和她同时结业的其他30名学员也大多如此。

“学校也没有给我们推荐合适的单位，幸好参加培训前，同学们大多有稳定的工作，结业后，他们有的仍在民政局婚姻登记处工作，有的在日常生活中演练自己的知识技能，同时也宣传了自己。”欧阳惠敏说，周围的朋友和亲戚是向她咨询的主要对象，他们知道她参加了这样的培训，因此遇到与婚姻有关的问题时，就会主动前来咨询，但大多只是出于答疑解困，也是不收费的。但让欧阳惠敏比较担心的是，很多人并不了解这个职业，当婚姻、家庭出现问题时，也没有主动向专业指导师咨询的意识。“另外，收费也是一个问题。”欧阳惠敏说，“指导师为客户服务时的第一个环节一般都是免费咨询，但婚姻出现重大问题的人，往往会借助于法律，而那些因为一时冲动而闹矛盾的夫妻，咨询一次后，回去时矛盾可能已经化解，不会再来主动交几百元的咨询费用。”

尽管如此，大部分学员依然充满自信，欧阳惠敏说：“我考虑好了，如果有机会，我会放弃现在的工作，专心从事婚姻家庭指导师事业。”

欧阳惠敏说："我们都做好了第一个吃螃蟹的准备。"不少同学也都明确表示绝不会放弃做婚姻家庭指导师的梦想。

财富感悟

做一个项目之前，岗前培训是不可缺少的，只有自己具备了一定的知识和技能，才能做好所选择的项目。

2. 辞职创办"婚姻指南服务部"

一次，欧阳惠敏在聚会中听朋友说起一件奇事：在一个公园，每天都有数十名老人在那儿替儿子征婚或代女儿相亲。于是，一天晚上，欧阳惠敏亲自去这个公园了解，果然看到许多老人围在一起交流子女的情况，觉得合适的就走到一旁交谈，双方互留电话后回家征求子女的意见，再由子女们自行约定时间见面。

原来这些父母的子女都是非常出色的白领或金领，只是他们忙于事业，无暇顾及感情生活，年龄都"跨三奔四"了，还形单影只，心急的父母便四处为子女"配对"。

欧阳惠敏从中得到启发，她越来越感觉自己应该把所学到的婚姻指导师的知识发挥出来。这天晚上她想好了，准备辞职，自己开一家"婚姻指南服务部"，让有需要的人"把终身寄托交给专业人士去把握，把婚姻大事交给有时间的人去打理"。

不久，欧阳惠敏就筹集到资金，创办了南昌市第一家"婚姻指南服务部"，专门为各种遇到恋爱或婚姻危机的人士把脉诊断。

开业三个月后，欧阳惠敏的"婚姻指南服务部"赢得了客户的口碑。

对于欧阳惠敏来说，做"婚姻指南"不是把两个人拉扯到一起的简单婚介，而是做好委托人的恋爱婚姻指导。有位博士事业成功，长相也不错，但是恋爱屡屡失败，欧阳惠敏给他诊断的结果是：智商极高，情商极低，有严重的恋爱技巧缺乏症。每次帮他安

排约会，她都会细心提醒他该如何选择场所，如何体现绅士风度，如何谈话才能体现他的优势，又能让对方感兴趣，等等。

还有个做财务总监的女孩子，因为相貌平平，爱情路走得不顺，欧阳惠敏请来色彩顾问为她进行形象设计，使这位女孩子变得靓丽起来，再加上通过一些实用的仪态训练，女孩子的约会变得顺利了。

欧阳惠敏创办的"婚姻指南服务部"不到一年时间，就取得了令人称道的业绩，她的委托人中，已有十几对男女确定了关系，更多的则进入了配对成双的稳定发展期。

财富感悟

开办"婚姻指南服务部"，首先要打开局面，做成了几单实实在在的"业务"后，才可能把好名声传播出去，才能赢得更多的客户。

3. 白领女人给危机夫妻的婚姻把脉

欧阳惠敏创办的"婚姻指南服务部"成就了几十对"高端夫妻"，经济回报也十分可观，她决定扩展这一事业。

经过一番了解，她发现如今的都市人对待婚姻的态度和以前相比有很大的改变，人们的生存压力大、生活节奏快，因此，有些人对婚姻采取"急功近利"的态度，在这种情况下，就更有婚恋指导服务的市场需求。

于是，欧阳惠敏便与一家青年杂志社合作，共同开发本市的婚恋服务市场。她在杂志上开设了"婚恋课堂"栏目，为已婚或恋爱中的男女提供婚姻恋爱指导。不出意料，栏目创办后，很受欢迎，许多人打来电话，请她为他们陷入困境的情感"把脉支招"。

一天，一位女青年来到"婚姻指南服务部"。她向欧阳惠敏说，她与丈夫是"闪婚"，婚前只接触不到三个月就结了婚，可结婚后，她发现丈夫身上有不少令她难以忍受的毛病。最近，她与丈夫发生了一次激烈的冲突，双方都想到了离婚。面对这样一位即将“闪离”的女子，欧阳惠敏对她进行了心理疏导和婚姻分析，切中问题的要害。她说，由于她们俩在婚前省略了应有的恋爱了解过程，当激情过后进入实质性的婚姻状态时，俩人面对现实生活的柴米油盐，所表现出来的是一种焦虑、烦躁、失望、乏味和无奈的情绪，这种失常的精神状态，使得她俩本来就脆弱的心理难以自控，才草率地选择离婚。试想，如果俩人在婚前能以慎重的态度对待爱情，充分了解彼此的性格、喜好、生活能力、家庭状况和处世态度，那么当真正的婚姻来临时，就能用平和的心态相处。

听了欧阳惠敏的话，女子急忙问道：“那我们现在怎么办呢？”欧阳惠敏继续对她说：“既然你们已经草率地步入了婚姻，那么补救的办法，只有静下心来对配偶进行重新认识。即使发现了对方与自己有诸多的不协调，或者难以容忍的缺点，也应本着相互沟通、相互谅解、相互帮助的平和心态，来调整现有的婚姻关系。”听完欧阳惠敏的开导，女子茅塞顿开。几天后，她高兴地过来告诉欧阳惠敏，她已经与丈夫和好了！

为不少前来咨询的夫妻修复婚姻后，欧阳惠敏有一种深切的感受：其实，在生活里，大多数的离婚都离错了。离错婚的男女错在哪儿？不少人的婚姻出现问题后，他们会找亲戚、朋友倾诉，希望得到对方的指点和解救，但遗憾的是，对方往往不懂心理学，无法提供解决婚姻困境的良方。如果当事人能找到合适的咨询对象，比如专业的婚姻指导师，得到积极的指引和支持，可能就不会走到离婚这一步。欧阳惠敏从中得到启发，认为不应只把目光停留在为未婚男女的牵线搭桥上，还要关注那些正在经历婚姻疲惫期的已婚男女。于是，她把事业发展规划为：为已婚人士提供专业的情感咨询、心灵治疗，包括缓解夫妻矛盾冲突、指导夫妻如何为人父母和当家理财等。

欧阳惠敏对事业规划的变化，同样给她的“婚姻指南服务部”带来了很好的经济效益，也给她的事业发展带来了广阔的前景！

财富感悟

婚姻、恋爱指导需要有丰富的专业知识。据有关部门的调查，全国将近30万人才有1名婚姻指导师，远远满足不了现代家庭的需求。当今社会非常需要引进婚姻咨询人才，用专业的方式取代传统说教对婚姻的指导，以解决不断增加的婚姻家庭问题，婚姻指导师将成为收入丰厚的具有发展潜力的新兴职业。

财富点拨

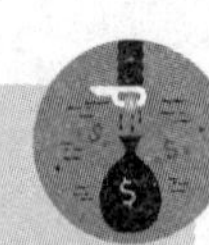

恋爱与婚姻家庭指导师，主要是为那些感情尚未破裂，只因一时冲动而提出分手或离婚的男女，提供恋爱与婚姻咨询服务。国家职业资格培训鉴定实验基地也启动了“婚姻家庭指导师”职业资格认证和培训项目。作为21世纪的新兴职业，婚姻家庭咨询指导行业有望成为我国发展潜力大、就业稳定、收入高的热门行业。

三、“求职公寓”，助你成功收获财富

财富话语

“求职公寓”成为继“单身公寓”后，又一突起的黑马，成为深受广大求职的大学毕业生喜爱的公寓。其价格低廉、卫生干净、客源单纯，这些都为求职公寓树立了良好口碑。

1.为大学生开办求职公寓

郝萌从一所大学毕业后，跑到广州某人才市场去应聘，可找了好几天，总是找不到一份理想的工作。两个星期过去了，工作没落实，郝萌身上从家里带来的钱所剩不多了。郝萌租住在较为昂贵的房子里，如果再住下去的话，恐怕难以维持了。为了省钱，郝萌便从价钱昂贵的房子搬到便宜的“大众公寓”，与好几个人合租。这里条件很差，郝萌实在忍受不了嘈杂，可受到经济条件的限制，又没有办法去住好一点的房子。

郝萌和一位新结交的朋友聊天时，他感慨道，偌大的广州竟然没有一家专门为求职大学生提供住宿的服务机构。这位朋友的话，让郝萌生出了开办大学生求职公寓的念头。是啊，现在找工作的大学生比比皆是，住宿问题成了他们最大的困扰，如果能开家专门为毕业求职的大学生提供住宿的公寓，肯定会很有市场的。

有了这个想法后，郝萌跑到人才交流中心去做了一个问卷调查，几天下来，问卷统计数据显示，对住宿感到不满意的大学生占到了79%，其中嫌价格高的占89%，感觉卫生差的占56%，而这些求职的大都是家在外地的大学生。他们希望能有那种专门为前来求职大学生住宿服务的公寓，这样，他们从心理上就会有种安全的感觉，还便于互相交流。

这次市场调查问卷，对郝萌的触动很大。回来后，她开始筹备开一家“求职公寓”。首先遇到资金的问题，只能先向家乡的父母和亲朋好友借了一些钱，郝萌对他们承诺，等生意做顺了，一定连本带利还给他们。

筹集到所需资金后，郝萌再到市区跑了一圈。本着成本低、交通发达、环境舒适的原则，经过几天的考察，郝萌找到了一处较理想的小区花园。与房主经过讨价还价，最后以双方都能接受的价格租下了三套公寓房。

一个月后，郝萌的“大学生求职公寓”正式开始营业了。

财富感悟

商机往往是在实际体验中发现的，女主人公没找到工作，又不甘心回去，便要暂时找地方住下来等待机会。这时，商机出现了：通过市场调查发现“大学生求职公寓”很有市场需求。

2. 求职公寓收获成功

开业的第一天，郝萌与招聘来的两名服务员跑到人才市场去散发广告宣传单。

在广告宣传单上，郝萌标明了公寓收费以天计算，收费方式相对灵活，如果连续入住，第一周每天每人28元，第二周每天每人22元，包月则是560元/人。这样的价位加上公寓的良好环境，对独身在外求职的大学生有着很强的吸引力，很快，郝萌的几套公寓房都租出去了。

有些大学生在“大学生求职公寓”住了10多天还没找到工作，虽然一天二十几元的住宿费并不是太贵，但对于求职学生来说还是感觉到了压力。大学生小童来自湖北省，大学学的是法学专业，已参加了五六次招聘会，但都没有结果。“今年我学的专业很难找工作，参加的招聘会几乎没有对口的岗位。”他对郝萌说，“销售类的岗位特别多且门槛也低，但他还是喜欢从事与法学相关的工作。如果没有合适的工作，就只能先从事销售工作，以后有机会再考法学类研究生，再换理想的工作。”小童还对郝萌说，这几天晚上他在求职公寓附近一家饭店干点杂活，一小时有15元的收入，虽然辛苦点，但有了收入感觉心里踏实。他说，在大学生求职公寓里，有不少人暂时找不到工作，都在打零工过渡。

当然，也有很快找到工作的。22岁的陈峰来自安徽省，他学的是市场营销专业。他是三天前入住大学生求职公寓的，他通过网络投递了100多份简历，但只收到两三份回复，而且感觉是待遇不高且工作较辛苦的那种工作。所以，他觉得还是出来拿着简历当面应聘效果好。第四天上午，他又去了人才交流中心，这次，他找到了一份较为理想的工作，月薪4000元。

郝萌还临时找了几个人，让他们带着求职公寓所在小区及房间的照片，到各个高校进行宣传。这一招还真管用，一些刚毕业、正准备从学校搬出来的大学生们也选择了“大学生公寓”。

大学生求职公寓的流动性强，求职学生入住在这里的时间多则一两月，少则三五天。郝萌对他们很关心，经常嘘寒问暖，关怀备至。如果将要起大风或者下大雨了，郝萌总会在头天晚上告诉每一位入住者，让他们注意，提早安排好出行和作息时间。

为了保持住客的共性，郝萌的“住店”始终坚持求职大学生的市场定位，只允许大学生入住，严格检查投宿者的毕业证或学生证，其他人一律不安排入住。这样一来，“大学生求职公寓”就保持了一定的“纯洁性”。

财富感悟

把“求职公寓”做成大学生的家园，这给公寓的名声增添了温馨的色彩。一传十，十传百，“大学生求职公寓”的生意自然火起来了。

3. 把“大学生求职公寓”开向全国

郝萌开办“大学生求职公寓”半年后，决定在原来的大学生求职公寓对面再租几套住房，设计出单人间、双人间、四人间等不同类型的房间，以满足不同要求的求职大学生入住。

为了方便大学生在网上投递求职信、查收邮件，郝萌还在每个房间配置了电脑，使大学生求职公寓成为条件较好的公寓。

经过近一年开办大学生求职公寓的实践，郝萌认识到，现在对这些大学生们来说，最高兴的事莫过于早日找到工作。于是，郝萌

决定在住宿的“附加值”上做文章：为大学生们提供用人单位情况、收集报纸信息、抚慰受挫心灵等。

没过多久，郝萌还请来了职业培训师，为入住的大学生免费提供职业规划、面试技巧及相关法律等方面的服务。与此同时，郝萌还主动与猎头公司联系，为他们提供入住这里的大学生的求职资料。

正因为郝萌的大学生求职公寓有了这些独特而到位的服务，慕名来住的大学生与日俱增。

最近，郝萌又成立了大学生求职公寓网站，网上不仅有详尽的电子交通地图，还有求职指南、媒体新闻、房屋预定、公寓论坛等多种服务版块。有了网站后，郝萌的生意多半是在网上和电话里达成的，从外地直接来入住的人数更是猛增。

如今，郝萌有个新的想法，那就是把大学生求职公寓以连锁店的形式推向全国，特别是在一些大中城市，郝萌想，有多少大学生，就有多少潜在的顾客。郝萌对自己的未来充满信心！

财富感悟

近年来，中国高校毕业生人数急剧增长，给就业带来了很大的压力，唯有经历过的人方能品出个中滋味。针对大学生的“求职公寓”设有自助洗衣间、上下铺、公共卫生间等设施，因收费低廉，每天入住价在20元左右，“大学生求职公寓”因其性价比高而悄然走俏。此类公寓十分抢手，有的入住率达到100%。故事中的主人公创办的“大学生求职公寓”，从这一项目的需求来说，很有市场发展潜力。

财富点拨

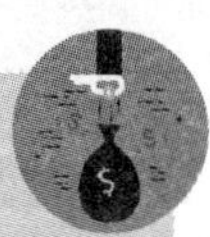

每年的六七月份，都是大学毕业生求职的高峰期，一大批应届生奔波转战在各大城市，赶赴一场接一场的招聘会。对这

些赶招聘会的大学生来说，除非能住在同学寝室或者朋友亲戚家，否则住宿是个不小的问题，毕竟住酒店的费用比较高，增加了不少负担。于是，针对这类客户的市场也应运而生——求职公寓正在杭州及其他大城市兴起。

四、“钟点电脑技师”，做电脑的贴身侍卫

财富话语

电脑并不像电视或其他电器那样易于操作，电脑在使用过程中，经常会遇到这样或那样的问题。“钟点电脑技师”正如电脑的贴身侍卫一样，遇到任何有关电脑的软硬件问题，都能即刻向“钟点电脑技师”发出求援。正是电脑用户的这种需求，给“钟点电脑技师”这一新兴行业带来了商机。

1.救治“生病”电脑发现商机

霍天波从一所大学计算机专业毕业后，回到家乡，通过人才交流中心，应聘进了一家电脑公司，从事技术员工作。

电脑公司规定，凡技术人员，除了600元钱底薪外，其他收入只有每一单修理业务的提成。在修理部，固定的技术人员共有5人，兼职的有9名，显而易见，这种现状形成了激烈的竞争。“僧多粥少”，造成技术人员收入的不稳定。

有一次，一位客户家的电脑出现故障，而这个客户的电脑是组装的兼容机，没有售后服务。按照公司的规定，技术人员上门服务，无论维修的结果如何，光是出门费，就是50元钱。对于这样的美差，大家都会争着去干。这时，大权在握的修理部焦主任把这

一好差事，交给了平时与他关系不错的兰技术员。初来乍到的人根本没有机会拿这样的提成。

有一次，霍天波与一名姓鲁的同事出勤，这次是给一位有售后服务的客户修理主机。整整干了一上午，直到中午一点多才结束去吃午餐。可到了月底按出勤结算时，这次的出勤，修理部主任却没有给霍天波记上，他的理由是：那位姓鲁的同事是老师傅，而霍天波是新手，是配合他工作的帮手。对于这样的解释，霍天波很生气，但也无可奈何。

随着时间的推移，霍天波在电脑公司渐渐成了老师傅，按说，霍天波接业务和出勤的机会应该比一些新手多，可事实并非如此。同样是一次两个人出勤，霍天波带一名来修理部才三个月的新手小袁去维修打印机，可结账时却五五分成。当霍天波质问焦主任时，他的回答是：“虽然小袁是新手，可他的技术不错。”后来霍天波才知道，小袁是焦主任远房亲戚的儿子。

在这家电脑公司干了快两年，由于修理部主任任人唯亲的做法，以及他时常对霍天波的修理工作横挑鼻子竖挑眼，终于有一天，霍天波实在受不了他的挑剔和刻薄，与他发生了一次激烈的冲突。冲突的第二天，霍天波主动向公司提出了辞职。

财富感悟

在电脑公司就职的主人公，在一次次给客户维修电脑后，却得到了公司不公平的待遇，为此与主管领导发生了冲突，并主动辞职。

2.做钟点电脑技师有市场

离开电脑公司后，霍天波再次到人才市场去应聘，可一连两个星期，都没有找到理想的工作。

就在霍天波为重新物色一份好工作而犯愁之际，一天上午，霍天波翻阅一张当地的晚报，从上面读到了一则信息，文章说，上海最近兴起了“钟点电脑技师”这种新型职业，有不少懂电脑的青年为一些电脑客户临时服务，他们从中按时间来收取酬金。

看了这一信息，霍天波的眼睛顿时一亮，闪念之间有了想法：自己也同样可以选择这种自由职业来做。

霍天波按照那篇文章里提示的一些方法，首先注册了个人网页，然后就在网页上发布个人求职主页。霍天波在主页上这样写道：“我名叫霍天波，现年25岁，毕业于省城一所省重点大学计算机系，现定居家乡，曾经在一家电脑公司从事过技术员工作，现本人向各电脑用户寻求一份计时的‘钟点电脑技师’工作，可以通过上门的方式为电脑客户排忧解难（注明：不收上门费，修理不好，不收修理费），或在网络上进行实际指导，价格面议，有意者请来函来电联系，我的E-mail是：×××××@×××××.com，我的电话是（×××）××××××××。”

求职内容在网上发布后，霍天波就等候需要服务的客户来信。

求职信息发布后没几天，第一个客户就出现了。一天，一位自称城南小区的电脑用户打来电话，他对霍天波说：“我们家的电脑可能是硬盘坏了，你能不能帮我修好？我的电脑里还存了许多有价值的资料，不能丢失。”霍天波一听他介绍的情况，当即答应上门为他检测一下。

半个小时后，霍天波随身携带着修理工具，坐公交车赶到了这位客户家里。

霍天波动作娴熟地拆卸电脑主机，拿出硬盘，随即对它进行一系列的检测。霍天波发现硬盘的零道被破坏了，随即对它进行了针对性处理，再经过数据恢复处理，这个硬盘总算“起死回生”，里面的资料完好无损地保存下来了。

霍天波的“妙手回春”让这位电脑客户非常高兴，他马上掏出100元钱递过来说：“你真行！帮了我的大忙。拿着，这是你的酬劳费。”

霍天波接过100元钱，心里也很兴奋。要知道，这可是他单打

独干的第一笔生意。

临出门时，那位电脑客户很诚心地对霍天波说：“以后，我们家的电脑出了故障，我就找你来修理。我想让你做我们家的‘钟点电脑技师’。”霍天波欣然答应了。

第二天上午，霍天波从一封电子邮件上读到了邻县一位电脑用户发来的求助信息，希望帮助解答他电脑光驱出现的故障问题。霍天波一五一十地告诉了他如何修复光驱的方法。当天晚上，按照霍天波的远程指导，这位电脑用户的光驱就恢复正常了。三天后，霍天波收到一张30元钱的汇款单，是邻县那位电脑客户寄来的。钱虽然不多，但表明霍天波的远程指导得到了电脑用户的认可。

一个双休日的早晨，霍天波刚一起床，就接到了一位姓何的客户打来的电话，他告诉霍天波说，他家的电脑昨晚遭黑客袭击，现在已经瘫痪了，请求给予修复。

霍天波早餐都没顾上吃，就匆匆奔往姓何的客户家。

到了现场，霍天波即刻对瘫痪的电脑进行了故障排除和系统的重新安装，只花两个小时就搞定了。

当姓何的客户交付150元钱的修理费时，同样也希望聘请霍天波做他家的“钟点电脑技师”。

接下来的一段时间里，霍天波不断地接到电脑客户的电话或电子邮件，请求为他们“生病”的电脑出诊。

财富感悟

以个人的身份去给电脑客户修理出现故障的电脑，靠的是诚信和技术，主人公就是凭借这两方面的声誉而赢得了众多的客户。

3.做钟点电脑技师“一票通”

在给众多电脑客户做“钟点电脑技师”时，霍天波始终设身处地地替客户着想，做到“价廉物美”。一般的电脑公司修理部大都是为品牌机服务，或者只注重有售后服务的客户。对于那些散客或者已经过了保修期的客户，他们总是不屑一顾，即便是上门服务，所收取的修理费用也是很高昂的。而霍天波却把目光投注于散客和过了保修期的客户身上，对他们采取免收出门费和比电脑公司价低的修理费。这样一来，这些电脑客户很乐意接受他的服务。

一天，霍天波给一个客户做“钟点电脑技师”一直做到晚上9点多钟才结束，这时，接到好朋友田聪明的电话，他说请霍天波去足浴中心泡脚。工作劳累了一天，霍天波也很想放松一下自己，便答应了。到了足浴中心后，躺在舒服的靠椅上被人服务时，霍天波从洗脚员工的口里，知道了他们中心可以办理包月、包季、包年卡，而且价钱很优惠。这时，霍天波的脑海里忽然产生了一个想法，“钟点电脑技师”也同样可以效仿着办理这样的业务。

有了这个想法后，说干就干。一个星期后，霍天波制作了一些“包月”“包季”或“包年”的钟点电脑技师卡，自定了价格，每张“月卡”100元、每张“季卡”250元、每张“年卡”600元。霍天波自行规定，凡持有本卡的电脑客户，家里的电脑出了毛病，自己随叫随到，不额外收取酬劳费。

霍天波的这一设想，很快得到了实行，每到一个电脑客户家，就向他们推荐自己的“钟点电脑技师卡”。刚开始，不少客户还接受不了霍天波的这项服务，他们对于购买这种年月卡心存疑虑。

为了消除他们的顾虑，霍天波想试一个阶段，让他们看看自己是否能兑现诺言，也想看看效果如何。

霍天波首先在几位老客户那儿进行试验。有一次，一位办了“月卡”的老客户电脑软驱坏了，霍天波修理了好半天，一时难以修复，而客户又急着用电脑。怎么办？霍天波只好把自己新买的软驱借给客户用，然后，把客户的软驱拿回家，找出原因，进行修理。可最终还是没有修好这个软驱，但是为了不失信于客户，霍天波果断地把自己那个新买的软驱送给了这位客户。在这个月里，霍天波还好几次主动上门为这位客户修理电脑。霍天波的这一做法，

深得这位电脑客户的赞赏。

又有一次，办了“季卡”的老梁打来电话，让霍天波为他安装音频解霸软件和HP解决方案中心软件系统。霍天波放下电话后，马上赶到他家去满足了他的要求。可没过两天，老梁又打电话来，要霍天波帮他安装Windows优化大师和Winrar软件。霍天波再次不厌其烦地赶往他家，满足了他的需要。当霍天波准备离开时，老梁紧紧地拉着霍天波的手，兴奋地说：“你真是一个说话算数的人，我打算在你这儿继续办理一张年卡。”

此后的一段时间里，凡购买了“钟点电脑技师卡”的用户，霍天波总是不折不扣地尽心为他们进行跟踪服务。霍天波说话算数和优质服务的口碑，一传十，十传百，原先有些顾虑的客户，也陆续来这儿办理了月卡、季卡和年卡。

随着霍天波信誉的增加，一些购买“月卡”或“季卡”的电脑客户，在尝到了甜头后，他们也毫不犹豫地购买了“年卡”。这样一来，霍天波的生意就像滚雪球似的日益壮大了。

半年后，办理“钟点电脑技师卡”的用户已达到了110多人。

财富感悟

虽然做“钟点电脑技师”不像电脑公司的技术员那样，经济收入相对稳定，可从事这种流动性的职业，只要本着替顾客着想和诚信守约的经营之道，相信做“钟点电脑技师”的前景会非常广阔。

财富点拨

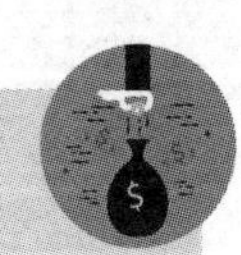

钟点电脑技师是按照客户的需求解决电脑问题的职业，需要凭借多年积累起来丰富的经验。如果你想做钟点电脑技师，除了技术过硬，还必须诚实守信，这样才能在这个行业中崭露

头角，赚取可观的收益。故事中的主人公开办“钟点电脑技师卡”是一种创新。

五、“新手上路培训基地”带你上财路

财富话语

如今私家车越来越多，已经成为提高人们生活质量的一个标志，同时，也促使更多的人去学习汽车驾驶技术。新手在驾校考取了汽车驾照，但在正式驾车上路之前，还需要驾驶经验积累的过程，这样就应运而生了一个新的行业——“新手上路培训”。

1.辞职开办“新手上路陪练中心”

陈创从一所驾驶学校毕业后，回到了家乡，很快应聘进了一家私营驾校当教练。一年后，陈创觉得给人打工不是长久之计，便有了当老板的打算。经过一段时间的市场考察，陈创发现在一些大城市涌现出了“钟点陪驾”的项目很热门，觉得自己所学的知识可以操作这一项目。不久，陈创辞掉了驾校的教练工作，自己开了一家“新手上路陪练中心”，另外招聘了三位陪练员。

“陪练中心”的服务内容是：针对不同学员制定不同的练习方法，令学员迅速提高驾驶技能。“陪练中心”采取电话预约、上门接送、一对一的教学方式。通过陪练，学员将体会到的不单是对于驾车基本操作的辅导，更重要的还有帮助他们从心理上、技术上、经验上获得充分的提高，使他们能轻松地驾驭汽车、感受驾驶汽车带来的乐趣。

训练项目：① 郊区、城市中心道路驾驶；② 方向感、靠边停

车、并线；③ 制动及油门的应用；④ 转变及公路掉头；⑤ 城市道路、桥梁驾驶；⑥ 倒车、入库；⑦ 夜间驾驶等。承诺包教包会。价格是每3小时200元。

财富感悟

创办一所私人驾驶陪练中心，这在私家车步入普通家庭的今天，顺应了市场的需求，尤其是陪练中心设置的内容，很有实用性。

2.“陪练”，带新手上路的实战课程

开业不久，陈创亲自对一位中年学员进行了“陪练”。那天，名叫古天运的学员打电话说他买了一辆德系车，因刚拿到驾驶证，希望陈创陪他从车行把车开回家。陈创答应了。第二天，陈创就陪着他来到车行。陈创坐在副驾驶座位上，指导古天运把车开回家。一路上，在陈创的“坐镇”指挥下，古天运以蜗牛般的速度开进了市区住宅小区的车库。

车买回来了，可他却不能驾轻就熟地使用它。一天上午，古天运在陈创的“陪练”指导下，开车上路了。陈创给古天运“陪练”第一科目是“城市道路的行驶”：注意红绿灯、注意分道行驶、注意人流车流、注意立交桥的行驶等。在“城市道路的行驶”训练科目中，“陪练”重点是训练泊车。如今私家车遍布大街小巷，而泊车位普遍狭窄，所以要求驾驶员必须具备较高的车技。整整一个上午“陪练”下来，共花去3个小时零20分钟，按照“陪练”的规定，不足一小时，按一小时计价，古天运当场付给陈创“陪练”费400元。

几天后的一大早，他们又上路了。这次“陪练”陈创给古天运安排的科目是“特殊道路的驾驶”：如何行驶曲狭路、弯道、险要路、丘陵起伏路和陡峭山路等，这一科目的实习场地选在龙虎山景区，这儿可谓“九道十八弯”。一路上，陈创坐在副驾驶座上指挥

古天运行驶。遇到转弯路，陈创教给古天运的口诀是："减速、鸣号、靠右行"；遇到山坡路，陈创的口诀是："上坡踩油门、下坡踩制动"；遇到没有交通信号灯的路口，口诀是："一停，二看，三通过"；遇到前方有学校或企业，口诀是："宁停三分钟，不抢一秒钟。""陪练"的这些口诀，都是陈创的经验总结。虽然古天运在考驾驶理论时也学过一点，可在临场驾驶时，陈创的强调还是行之有效的。当古天运驾驶的车来到一处丘陵山峰时，正在下坡的当口，由于没有按照"靠右行"的原则，加上方向盘转向用力过猛，要不是陈创纠正及时，差点把车冲到左侧一处几十米高的悬崖峭壁下，当时吓得古天运一身冷汗！从龙虎山回来，已是下午3点多了，结束后交的"陪练"费用是700元。

接下来的几次"陪练"科目是雨中驾驶、雾中驾驶、风中驾驶和夜间驾驶。这几次"陪练"，古天运又付给陈创2100元的"钟点陪练"。

前前后后，古天运接受了半个多月的"陪练"，向陈创支付了总共3200元。经过陈创的陪练，古天运逐渐能自己独立驾驶爱车了，每天上下班可以没有陈创在场的时候往返单位；也可以开车去城里随便哪个商场购物了。

财富感悟

驾驶技术的培训具有科学性，需要循序渐进，各种状况下的训练，对新手上路很有帮助。

3.遭遇各种险情，"自驾游"让新手迅速成长

国庆节来临，古天运又打电话给陈创，说准备远途"自驾游"一次，让陈创给他当陪练。此去的目的地是去150公里外的江西上饶集中营。陈创答应做他的"陪练"。

国庆节一大早，在陈创的陪练下，古天运驾车出发了。这天天

气不理想，天空下着毛毛细雨，古天运是第一次独自在雨中驾驶，为了安全起见，限速70公里/时的国道，陈创让他只开50公里/时。开了一个半小时，还算顺利，没有遇到任何紧急情况。可开了三分之二的路程时，发现前面正在施工修路，已经不能前进了。问了施工人员，要去上饶，只有再绕道走一条乡间道路。怎么办？是撤回去，还是继续绕道前行？陈创没有考虑太多，就让古天运按照施工人员的指点上了旁边的乡间道路。

可万万没想到，车子刚一走上乡间道路时，就遇到了一条路况恶劣的道路，那路面坑坑洼洼的，而且窄道两边又是深水泥潭。这下可让古天运犯难了！要开过去，不仅会使新买的车磨损车底，还对自己的驾驶技术是个严峻的考验，弄不好，还会翻车到泥潭里，那可就危险了！

正在古天运犹豫当中，陈创鼓励他道：“开过去吧，我相信你现在的驾驶技术！”

有了陈创的这番激励，古天运便硬着头皮握紧方向盘一加油门往前开去。真是万幸啊，古天运竟然闯过了一条约100米的恶劣路段。当车子来到一块较平整的路面时，古天运大喘一口气！陈创笑着夸奖了他一句：“你真棒！”

就在他们原以为险情过去了，又没想到，这条乡间道路，不但狭窄，弯道还多，而且迎面又有一辆接一辆的车子开过来，这就意味着古天运要与他们会车。这无疑是对古天运这个新手极大的考验！陈创对古天运说：“你握紧方向盘，只管低速往前开！”古天运按照陈创的要求，目不转睛地勇往直前，用40公里/小时的速度左冲右突地前行。遇到连续急转弯，陈创让古天运不停地摁喇叭，提醒“盲区”里的对面来车；遇到山道，陈创叫古天运尽量往右靠，不让车子处于危险境地。

经过近一个小时的挣扎，小车半身泥浆地钻出乡间小道，回到了宽敞的国道上，这一刻，陈创这个“陪练”也终于松了一口气！

这里距离上饶集中营只有30多公里了，这时候古天运放松心情，加大马力快速朝目的地奔去。

在上饶集中营，他们感受了叶挺将军、项英政委及众多新四军战士峥嵘岁月的传奇与悲壮，参观完毕，吃过午餐，已是下午2点半了，俩人又要返回家里。

如果走国道的话，必定要经过来时的曲折道路，这种“险中险”的路面，古天运已心有余悸！

如果不走国道，那唯一可选的道路只有上高速公路了。说实在话，陈创没有“陪练”过古天运“高速公路驾驶”这一科目，加上古天运又是驾龄不足两个月的新司机，要上限速60 ~ 110公里/小时的高速，他心里确实没有底。

在陈创的鼓励下，古天运尝试走高速公路回家。古天运壮着胆，把车开上了G60沪昆高速公路，开始，陈创让他只是以70公里/小时的速度走慢车道。可是，陈创见前方总有大货车挡道，陈创知道，小轿车最好不要跟随大货车，这样很危险，一旦出事，肯定是小车吃亏！鉴于这种情况，陈创让他找机会超车。于是，古天运憋足一鼓劲加大油门，打开左转向灯，向对方发出超车信号。90公里/小时不够，100公里/小时也不够，110公里/小时才超越过去。当古天运甩掉大货车一大段距离后，陈创又叫他打右转向灯回到了行车道，第一次超车终于成功了！此时，古天运才舒了口气！

前行一段时间，又遇到了大货车，这时，古天运如法炮制，再次超车成功！

此后有过很多次“超车”，车子行驶到弋阳服务区时，天空下起了大雨，这无疑给古天运的行车带来了麻烦，也增加了危险。有一次，方向盘打重了，车子差点撞到了旁边的护栏上。陈创马上告诉他，在高速公路上遇到这种情况，控制速度、紧握方向盘、关注前后车的动态、不随意超车。

古天运按照陈创的提示，小心翼翼地驾驶了半个多小时，车子总算达到了家乡的出口处，陈创也结束了高速公路的“陪驾”。

此次“陪驾”结束后，陈创给古天运的评价是：这一天的特殊经历，让他迅速成长起来了！

财富感悟

驾驶汽车已经和使用电脑一样，越来越成为人们一种必要的生活技能，学车的人数正以每年千万为单位递增，而目前驾校普遍人多车少，这样一来，“钟点陪驾”的需求越来越大了。

财富点拨

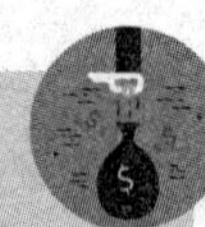

目前的驾校培训，因为训练时间短，只能基本掌握简单的汽车驾驶技术和路况处理方法，即使这样最基本的经验也是在路况简单的训练场得到的，但是，实际的路况比训练场要复杂得多。驾校的教练遇不到实际道路上出现的情况，也不可能给驾驶员讲解处理情况的方法。另外，驾校也不会给学员讲解实际道路的驾驶经验。因此，实际道路的驾驶陪练还是非常有必要的。

第六篇　财富人生

一、“农业见识游”：农家乐让城里人乐此不疲

财富话语

如果你身处农村，有山有林，又临近大中城市，交通方便，却不知道如何开发利用，那么，办一家小型休闲农庄是一个不错的选择。发展小型休闲农庄旅游，必须立足当地实际，突出乡村特色，即农业特色、农村特色和农民特色，以乡村风情吸引游客，与农村、农业、农民息息相关的乡村原有生产和生活、风土、风物、风俗、风景的组合，是发展小型休闲农庄旅游的基础和优势。

1. 农庄导游巧挖商机

伍玉娟从一所旅游管理专科学校毕业后，回到了老家。伍玉娟首先到人才市场应聘，有一家旅行社正在招聘导游，女的要六名，男的要两名。经过较为激烈的角逐，伍玉娟好不容易得到了其中一个名额，成为了一名导游。

做导游工作没有伍玉娟曾经想象的那么浪漫和自由自在，通常都是一日一次的往返“陪游”生活。

不过，伍玉娟与这种枯燥单一的导游工作磨合了两个月后，也渐渐地喜欢上了。原因是导游工作虽然枯燥，但每天所接触到的人和事却是新鲜的，而且旅行社的激励机制很能调动人的情绪——按每次出游的人数来提成酬劳费。

五一长假期间，与往日不同的是，这一个星期社里分派给伍玉娟的任务，是陪同游客到附近的农庄去游玩。据说眼下游客对人工景致产生了厌倦心理，他们对具有自然风貌的农村景观产生了浓厚兴趣。对于这一旅游新时尚，旅行社的领导阶层及时地转变了观念，与时俱进地迎合时尚。

5月1日一大早，伍玉娟陪同十二名本市的游客乘着旅行社的中巴车，来到远郊的一处有山有水、空气清新的乡村。在出发前，旅行社的领导向伍玉娟交代说，这次导游的任务，主要是引领游客按照事先与乡里谈好的旅游线路观赏自然风光，到中午再领游客去安排好的农家吃有特色的午饭。

来到这个乡村后，伍玉娟发现几名中年游客面对着金色的稻田和绿油油的蔬菜，在追溯“知青时期”的留痕；而几位年轻人，却对旁边的花花草草很感兴趣；只有两位老年游客坐在一棵百年古樟树前，一边抽着烟一边与一位当地的老农闲聊。正在伍玉娟观察着游客动静的时候，两位青年游客各自手拿一节花草争辩着来到伍玉娟的面前，一位前额烫着金黄头发的人抢先问伍玉娟：“导游大姐，你来识别一下，这是不是山蒺痢？听说这种小花果可以治拉肚子和胃肠炎。”伍玉娟拿过她手上的花草看了看，而后肯定了这位年轻人的说法：“不错，这确实是山蒺痢！它除了能治你说的病，还能治严重的风湿性关节炎和肺气肿，把它晒干磨成粉末，然后再配黄酒煎熬半个小时，连续喝上一个疗程，定能药到病除。”一听伍玉娟的详细解说，她对同伴眨了眨眼睛，说：“怎么样，人家导游大姐都很专业地肯定了我的判断！”

这时，另一位扎着一束马尾辫的姑娘走上前来，她也递给伍玉娟一节花草问："我说这是野山菊，可她偏说是野百合。"伍玉娟瞄了一眼，便很肯定地："这是野百合！"那位金黄头发的女青年又得意地说："我赢了！"扎马尾辫的姑娘对伍玉娟产生了怀疑："你凭什么这样肯定？"伍玉娟告诉她："我舅舅是湖源乡有名的老中医，我从小就在他身边长大，他经常带我到山里去识别各种花卉和中草药。"听了伍玉娟的话，那位赢家立刻对伍玉娟崇拜起来："导游大姐，你能不能带我们到那边山上去识别一些花花草草？我俩多付你10元钱的导游费。"伍玉娟摇了摇头："恐怕不行，我还要照顾其他游客。"金黄头发的姑娘当即表示："可以去动员那些前辈游客一块去！"说着，金黄头发的姑娘马上跑向那边的游客。不一会儿，金黄头发的姑娘果真领着一大群游客过来，她把两张百元大钞送到伍玉娟的面前："这是我们大家额外给你的导游费，请你领我们到山里去转转吧！"

伍玉娟没有收这些游客的"额外导游费"，但她临时改变了旅行社领导安排好的旅游线路，领着这群想了解花花草草的游客登上了不远处的大山，为他们解说各种奇花异草。

结束了一个星期的导游工作后，伍玉娟好不容易有两天的休息时间。回到家里，恰好乡下的舅舅来伍玉娟家，当伍玉娟说起这次在农村当导游的事，舅舅给她传递了一个信息："我们乡里这一个星期也来了不少城里的游客，不过，他们是三三两两自发来旅游的，有一家三口的小家庭、有父亲带女儿或母亲领儿子、有朋友结伴，这些游客在我们湖源乡的几个村里随处走动，毫无目标。只可惜，我们乡没有人会做导游。"

一听舅舅说的情况，伍玉娟的脑海里忽地闪现出一个念头："如果我能到湖源乡去当介绍农业知识的导游，那一定会有市场的！"伍玉娟很早就有自己单干的打算，可一直找不到机会，现在机会来了！考虑了整整两天的时间，伍玉娟终于下决心辞掉旅行社的工作，决定到舅舅家所在的湖源乡去创办一家以农业旅游为主题的特色旅行社，干一番自己的事业。

财富感悟

主人公在给就职的旅行社做导游时，发现农庄休闲游对城里人很有吸引力，她便萌发出自己创办一家“农业见识游”的旅行社。

2.创办“农业见识游”，边赚钱边“充电”

一天，伍玉娟来到了湖源乡这个风景秀美、资源丰富的边远农村。在舅舅的引荐下，伍玉娟与该乡的乡长洽谈，凭借湖源乡的特色，在当地筹办一个“农业知识旅游”项目（简称“农业见识游”），在互利互惠的原则下，经过诚恳交谈，最后得到了乡领导的大力支持。

接下来，伍玉娟开始“农业见识游旅行社”的筹备工作，伍玉娟把湖源乡6个较有特色的自然村落划分成6个景点：蔬菜景点、苗圃景点、瓜果景点、山野植物景点、鱼塘养殖景点和农庄建筑景点。她打算根据每个景点的特色，集中为游客进行有目的的农业知识导游，例如带领游客观看苗圃景点时，她将着重为游客介绍各种花卉的名称及药用价值；游玩山野植物景点时，她会满足他们好奇的心理，对一些奇草异树进行解说……

“农业见识游旅行社”经过一段时间紧锣密鼓的筹备，两个月后正式开始运作。伍玉娟从城里带了两个朋友作为助手，让他俩帮助她组织来当地度假休闲的散落游客。“农业见识游旅行社”运转的第一天上午，伍玉娟就亲自领着十几个家庭集中起来的游客，按照伍玉娟自己拟定的景点，逐个带他们观赏不同特色的景致。当伍玉娟领着第一批游客来到苗圃景点，一位对花卉很感兴趣的男游客指着一盆黄色的杜鹃花问长问短，好在伍玉娟从小就接触过这一品种的杜鹃花，所以回答起来对答如流。

过了一会儿，一位女花卉爱好者走近一盆造型别致的花卉前，好奇地问伍玉娟这盆是什么花？伍玉娟指引她凑近前去仔细地瞧了瞧紫红色的花叶，然后耐心地向她介绍说："这是一株圣诞红。在国外，每逢圣诞节那一天晚上，老外，特别是西欧的老外很喜欢把这个品种的花卉装点在晚会的舞台边。"这位女花卉爱好者听完伍玉娟的解说后满意地点点头，然后她又指着种在大陶瓷缸里的一丛小竹子问："那这个是什么竹子？"

伍玉娟再一次躬下身去，瞧着她所指的叶呈碎花的小竹子，有些犹豫地："好像是夏威夷竹，或者是南洋竹。""不！这是观叶花竹！我们家种了这种竹子。"不想，那位男性花卉爱好者语气坚定地纠正了伍玉娟的说法。

第一天导游下来，除了让伍玉娟感受到了"农业见识游"大有发展前景之外，还使伍玉娟迫切感到要补充自己的知识不足。为了补充知识，伍玉娟抽出时间向当地懂得花卉植物的老农民请教，让他们到实地帮助她识别一些不知道的奇花异草和怪异的植物。当然，伍玉娟在请教这些老农民传授他们的"祖传知识"时，也没忘了付给他们应得的酬劳费。

边赚钱边求教，这种"现炒现卖"的方式还真的起了很大的作用。一个双休日的上午，湖源乡来了两对当老师的游客情侣，其中有一位女士是在中学教生物的老师。面对这样正宗的生物专业老师，伍玉娟心想，如果导游解说得不好，她这个业余水平的所谓植物"专家"会被戴上班门弄斧的帽子。伍玉娟带着忐忑不安的心理领着这两对结伴而来的情侣，就在他们来到山野植物景点时，那位生性浪漫而又很专业的女老师顺手指着身边一枝野花问伍玉娟："这是什么植物？"伍玉娟迅速地做出反应："夏天无！"她又问："它是属于什么植物？有什么药用价值？"伍玉娟马上对答如流："它属于草本植物，加工制成药片后，具有活血通络、行气止痛，用于中风偏瘫、跌扑损伤；风湿性关节炎、坐骨神经痛之功效。"女老师肯定地点了点头，像是肯定伍玉娟这名学生的正确回答。之后，他们一行人又爬上了长满绿葱葱的灌木丛小山上。站在一株小灌木前，女老师又给伍玉娟出难题了："这属于什么类型的植物？它又具有什么药用性能？"这道题难不住伍玉娟，因为在前几天，

一位农民伯伯正好向她传授了这株灌木的特性。于是，伍玉娟现炒现卖地对女老师说：“这是山楂树，属于蔷薇科，它与山里红有相似之处，气微清香、味酸、味甜。具有消食健脾、行气散淤，用于胃脘胀满、泻痢腹痛和心腹刺痛等的治疗，有显著的效果。”女老师听完后评价说：“正确！可以得九十九点九分。”她的话音刚落，在场的人全都放声大笑起来。

“现炒现卖”的方式在其他景点也发挥了作用。如在瓜果景点的桃园，伍玉娟就为某公司组织来的一群白领青年详细介绍了猕猴桃、蟠桃和水蜜桃的不同之处，以及解说了柑桔、椪柑和脐橙的区别；在鱼塘景点，伍玉娟给几位高中生讲解了什么是草鱼、鲤鱼、鲇鱼、乌贼鱼和尖嘴鱼；在蔬菜景点，伍玉娟为两个家庭中的孩子们指点了发菜、莴苣、柑兰球和油冬菜等。

财富感悟

开辟“农业见识游”这一项目，需要经营者全方位把握休闲农业的特点，并且开发出令城里游客感兴趣的休闲、知识与采摘一体化的特色项目。

3.农业特色游，融休闲、知识与采摘为一体

现在许多游客懂得了理性消费，有不少游客不想再到省外或出境去旅游，而是选择了简单易行、性价比高郊区游。这样一来，“郊区游”一时间成了市民出游的首选。这无形中又给伍玉娟这个做“农业见识游”的人提供了赚钱的大好时机。

虽然这是一个赚钱的好机会，可伍玉娟由于人手有限，难以应对国庆节纷至沓来的散落游客，这时候，伍玉娟产生出了想壮大“农业见识游旅行社”规模的念头。可现在到哪儿去招聘这些导游帮手呢？去城里找朋友来帮忙，那是远水解不了近渴的。无奈，只好在当地临时招聘一些年轻人来应对这几天的高峰期。在乡长的推

荐下，伍玉娟选中了湖源乡的8名年轻小伙来当她的帮手。

当晚，伍玉娟就对这8名青年进行了速成培训，她把自己当导游的一些经验填鸭式地灌输给他们。10月1日一大早，伍玉娟就让这些“临时导游”上岗了。伍玉娟给每个“临时导游”安排了各自的景点线路，她对这8名“临时导游”能否胜任如此专业的导游任务，确实打了个大问号。然而，出乎伍玉娟的意料之外，一个星期导游结束后的那天下午，伍玉娟从2名不同线路的游客口中了解到，他们对“临时导游”的评价是：“这些农村导游小伙除了普通话说得不标准外，他们对我们感兴趣的各种奇花异草和陌生的瓜果蔬菜十分通晓，真让我们长了不少的见识，我们对这些导游还是比较满意的！”

国庆节“农业见识游”高峰期过后，伍玉娟准备把那8名“临时导游”训练成“正规军”。一个星期后，伍玉娟就着手对这些“临时导游”进行严格的培训，从导游词的表达、游客的心理特点到导游的组织管理等，每天上两次课，每堂课两个小时。在伍玉娟的精心辅导下，这8名“临时导游”很快拿到了伍玉娟颁发的“导游上岗资格证”。也就是从这天起，伍玉娟算是真正地为自己“打工”了！

“农业见识游旅行社”走上正轨后，伍玉娟在原有的导游项目上，还根据市场的发展变化，新添加了一个符合时尚的项目，那就是与这个乡的鱼塘、苗圃、果园、蔬菜基地的承包人签订了互利互惠的联合经营协议。按照协议的要求，“农业见识游旅行社”有义务向前来游玩的游客介绍和推荐这些景点的产品，以便帮助推销其产品，当然这样做是在顾客自愿的原则上。

伍玉娟带领着自己培训的导游团队，每天满负荷地为慕名而来的游客进行“农业见识游”，他们除了给游客讲解农业知识外，还陪游客到鱼塘、苗圃、果园、蔬菜基地去亲手采摘瓜果、垂钓，采摘无公害蔬菜和选购新鲜的花卉。一位带女儿前来游玩的母亲感慨地说：“这次‘农业见识游’，让我的女儿大开了眼界，增长了不少的农业知识，还使她体验到了什么叫‘粒粒皆辛苦’。”

在整个“农业见识游”的过程中，伍玉娟等让游客不仅锻炼了身体、增长了农业知识，还在第一时间获得了亲手采摘的农产品，这种集休闲、知识与采购为一体的生活方式，已被前来游玩的许多游客所喜爱和赞赏，同时也增加了当地农民的收入。

财富感悟

创办“农业见识游”，让游客不仅可观光、采摘、收获农产品、体验农作、了解农民生活、享受乡土情趣，而且可住宿、度假、游乐，甚至部分劳动过程可以让旅游者亲自参与、亲自体验，是一项不错的创业。

财富点拨

创办休闲农庄的优越性是显而易见的：休闲农庄以“现代综合农业庄园”的面貌呈现在人们眼前，集休闲观光、科普教育、餐饮住宿、休闲垂钓、素质拓展等多个项目为一体，把教育融合到旅游休闲之中，让观光者在游玩中学到科学知识，在体验中掌握农业技巧。故事中的主人公正是抓住了休闲农业的这些特点，把“农业见识游”搞得有声有色。

二、“唐朝行宫”：减压客栈带来快乐财富

财富话语

据资料统计，目前有超过四成的职场白领面临着较大的工

作压力，多数白领经历过不同程度的心理疲劳，甚至有一小部分人还有过自杀倾向。于是，心理减压成了现代职场人士新的需求。一个出生于湖南湘潭的“90后”，捕捉到了这种行业中潜藏的巨大商机，开办了全国第一家减压客栈——“唐朝行宫”，让众多白领在那里能享受穿越的快乐时光，靠这个创意项目，她的月利润能达到十多万元。

其实，她的“唐朝行宫”就是一家客栈，其菜品只是一些唐朝古籍留下来的菜肴，那么，她是如何把深圳的许多白领人士都吸引到她的客栈里，并且大家都心甘情愿地买单呢？

1.筹备减压客栈，为白领寻找减压的港湾

刘小芸出生于湖南省湘潭市，从湖南某职业技术学校营销专业毕业后，来到深圳打拼，进入了一家公司做业务员。因为压力太大，她经常会和几个朋友跑到酒吧里发泄。

一次，刘小芸在酒吧里认识了一个叫刘欣的朋友。次日，刘欣把他们带到了一个叫“城市废墟”的地方，刘欣告诉他们，来这里玩的基本都是白领人士，平常工作压力太大，又找不到消遣的地方，打听到这里有一片废弃的地方，大家周末便来看看。在废墟旁，还立起了一块牌子，上面还有一行醒目的话：“我们不是堕落的一代，我们有自己的梦想，有自己的追求，只是生活把我们摧残得没有了激情和快乐。”

后面，还有很多留言，有一个人是这么写的：“90后的我们已经长大，成为了这个社会的主力，我们不怕承担责任，我们也不恐惧婚姻，我们只想能在工作之余，能拥有一份美好的心情和自由……”

看着这些留言，刘小芸不禁感慨万分，她何尝不是这千万人中的一个呢。因为太忙碌，工作经常需要加班，她已经记不清自己有多长时间没有开怀大笑过了，情绪低落时，也只有回忆一些过去的幸福往事自我取乐。

刘小芸见身边的很多朋友都有和自己相同的感慨，她不由心里一动，要是能开家减压客栈，既可以实现创业的梦想，还能给白领人士一个可以寻找快乐、重温幸福生活的地方，那不是一件双赢的事情吗?

她记得很多白领朋友都喜欢看穿越的影视，也酷爱唐装，她觉得如果能把客栈和唐朝结合起来，做成唐朝客栈，应该很受白领人士的欢迎。

随后，刘小芸和一些好友谈了自己开客栈的想法，大家纷纷表示支持。来自湖南省长沙市的大学同学孙燕容说：“我来深圳打拼一年了，压力大得我快支撑不住了，多希望能有这么一个能释放精神压力的地方啊！如果有，我一定经常去。”还有一个同学说：“唐朝行宫，听到这个名字就感觉与众不同，希望能给我们带来别样的惊喜。”

朋友的鼓励让刘小芸的创业干劲越来越足，但是她心里很清楚，这样的减压客栈，能不能开成功，还取决于市场的需要。于是，她便把自己的这些想法汇成了一张问卷调查表，雇人到各大高校和公司去发放，共发放问卷800份，回收了700份。经过统计，刘小芸惊喜地发现，有约九成的人赞成她开店的计划，七成的人表示会来光顾，这让刘小芸有了放手一搏的信心和勇气。

不久后，刘小芸正式从公司辞职，拿着这几年的积蓄和两个朋友的投资，在步行街附近的小区里租了一个小酒店。这个小酒店的月租才8000元，之所以选择这里，是因为离步行街比较近，客流量比较多，而且因为房东急着出租，所以费用也不贵。为了吸引更多的顾客，刘小芸在装修上下了功夫，在外面修了一个进道，是条狭长的走廊，刘小芸将其命名为时光隧道。进到客栈里，斗拱的结构、柱子的形象都以唐朝文化为背景，色调简洁明快，屋顶舒展平远，门窗朴实无华，给人庄重、大方的印象。

厨具都是从一家古董店买来的，酿酒也完全采用古色古香的传统酿酒方式，没有任何添加剂。客房里面的摆设也相当另类别致，古朴又不缺乏典雅，照明不是用电灯，而是用红色的蜡烛进行照明。提供客人住宿的睡衣也是仿古的白色素衣等。走进客栈，仿佛穿越了数个世纪，回到了唐朝，一切都是古色古香。

财富感悟

女主人公在喧闹的都市开一家“减压客栈”，而且把它包装成“唐朝”的特色客栈，这种别致创意，肯定会收到预想的消费效果。

2.“店小二”严查身份，非白领不得入内

在一个周末，刘小芸的“唐朝行宫”客栈正式开张了，由于主题前卫新鲜，装修很具有唐朝气息，前半个月，顾客挤破了门，每天的营业额都在5000元以上，可是不久后，刘小芸发现，来的客人越来越少了。

她打电话给顾客，顾客们都抱怨说，你的行宫虽然装修有特色，但是菜肴也都是现代的，让我们感受不到有穿越的感觉……

听到一些顾客的切身感受，刘小芸失眠了。她反复思考顾客的意见。是啊，穿越客栈，不能只有个空洞的形式，必须要有实质性的内容，客栈除了睡觉外，还得有好吃的菜肴。为了解决这个问题，刘小芸到处打听有名气的厨师，终于寻觅到了一个会做唐朝菜肴的厨师。同时，她让客栈里所有的服务生都穿上了古代“店小二”的衣服，并制定了一套不同寻常的训练方式，比如说，叫每一个进来的人为“客官”，说话的声调必须像古代人那样古声古色。

一个名叫刘权的客人，第一次来，就被店小二的那种快板式的点菜方法惊喜了好一阵，在店小二的吆喝声中，他也兴奋地大呼：“小二，来一斤牛肉，一坛上等的女儿红。”吃完后，他还意犹未尽地在顾客意见表上写道：“菜地道，服务也好，真让人流连忘返啊。”

生意火红了一阵后，客人又渐渐少了，这是为什么呢？一个经常来的老顾客道出了里面的内情：“你这个店，什么人都来吃饭，

有些人素质还很差，满嘴的脏话。我们来这里，是奔着穿越这个气氛来的，现在气氛被破坏了，我们吃饭也没什么心情了。”

顾客的话，让刘小芸陷入了沉思，当初她做这家客栈，主要就是为了给白领减压的，可是如果只局限白领人士，就会有很多的客源流失，到底如何取舍？经过几天几夜的深思，刘小芸最后拿定了主意。她想，自己既然在全国第一次打出了穿越客栈的牌子，就得走精品路线，只有定位准确了，才能更容易成功。

于是刘小芸果断决定进行改革，2016年7月开始，她将客栈变成会员制，客人必须凭会员卡才能进入。对于一些散客，站在门口的店小二会仔细盘问工作地点，并从谈吐、穿着上进行辨别，会员卡做得跟VIP购物卡一样，里面详细记录了会员的单位和收入情况。刘小芸又专门聘请了一群大学生，到全市各大公司去推广客栈的会员卡业务。

经过这样的改革后，客栈收到了良好的效果。短短一个月里，办理会员卡的人就达到了1000人，许多离得比较远的白领，听说这里有一家风格别样的穿越客栈，也纷纷跑过来体验。

李建是长沙人，由于工作压力大，他感觉生活的快乐越来越少，一次，他抱着好奇的心理来到“唐朝行宫”。刚到门口，便有人牵着一匹马，来到他跟前，让他骑着白马“穿越”光怪陆离的时光隧道，来到了充满唐朝特点的客栈里，看到半佝偻着身躯，肩膀上搭着一块毛巾的店小二麻利地走过来，报着那些只在古侠片才能听到的菜名，一时兴起，点了几盘菜，又要了二两女儿红。美味入口，他顿时觉得心情好多了，仿佛回到了快意江湖的古代社会。

由于刘小芸的客栈充满穿越色彩，很多白领吃完后，并不打算着急走，而是选择住下来，但是也有一些住店的客人埋怨客栈娱乐节目太少。该怎么解决这个问题呢？一天，刘小芸对一个叫玲玲的老顾客说出了自己的困惑，玲玲想了想说：“既然你的客栈打的是穿越牌，为什么不把那些古代的娱乐项目搬过来呢？”刘小芸恍然大悟，对，这是个好方法，于是，她想了好多办法，终于把一个会说书的同学请了过来。不久，客栈大厅的一方桌前，一位身穿古装、手拿扇子的说书先生，口若悬河地讲起了各个时代的故事，从众人皆知的隋唐英雄故事，到很少有人知晓的张三、李四等的各种民间趣闻。刘小芸又专门和市里的几个戏班子签了合同，每个周末准时过来表演。伴随着古色古香的音乐，让住客觉得自己穿越到了古代一样，忘却了商业上的勾心斗角、尔虞我诈。很多知名企业的老总也闻名赶来，目的就是来这里享受快乐，远离尘嚣。

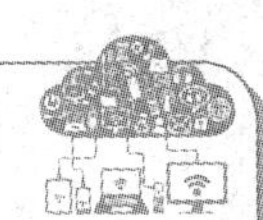

财富感悟

女主人公的特色“减压客栈”开业后，她把散客发展成了会员制，也把浓浓的古代气氛搬到了客栈里，以吸引顾客，这种提升顾客兴趣的经营方式，果然赢得了顾客的喜爱。

3. 在穿越的时光里，掏钱买单也快乐

经过这样的改良，前来就餐的白领人士越来越多。一次，几个客人用完餐后，说：“能不能穿插一些互动的节目，我们也想真正投入到时光穿越的快乐里。”

刘小芸觉得客人说的有道理，可是应该办一些什么样的互动节目呢？一天，刘小芸决定去学习取经。于是她到深圳市的几个主题餐厅学习了几天，她得出一个结论，一个客栈要办成特色品牌，除了硬件条件好，还应该内涵充实，能吸引人，这样才有旺盛的生命力。于是，刘小芸决心培训店里的工作人员。她高薪请来了老师做培训，要求工作人员在半年内都要掌握一门琴棋书画技艺。她还特别聘请了一些会乐器的服务员，她要求所有员工都要学会与客人互动，在精心准备了几个月后，她推出了蹴鞠和十二乐坊等互动节目。

一次，刘小芸组织了蹴鞠比赛，吸引了大批喜欢古代文化运动的白领人士参加，28岁的唐启明便是其中一个。唐启明在一家外企上班，年薪20万元左右，业余之际，他特别喜欢研究古代运动。

因为比赛规则和球都是采用唐宋时期的标准，参加比赛的运动

员，经过了多次集训，在激烈而有趣的比赛中，大家时而惊叫，时而大笑，仿佛回到了传奇的唐朝时期……事后，唐启明激动地说：“唐朝行宫，是我的第二个家，在这里我找到了我的快乐和梦想。”

一天，一个常客对刘小芸说：“因为圈子小，我一直没找到合适的对象，你们这里能推出这样的相亲活动吗？”于是，刘小芸继而推出了擂台招亲，不过不是武比，而是文斗，比对对联。擂台招亲一共举办了二十期，成功了十五对情侣，现在有些情侣还经常手拉手来“唐朝行宫”吃饭，并说婚礼也会在这里举办。

在经营客栈的过程中，刘小芸收获的不仅仅是财富，还有友谊。许多来这里吃饭和娱乐人都成为了朋友，他们经常会把淘到的一些仿唐艺术品带过来，摆在店里，以增添穿越的氛围。

为了把“唐朝行宫”打造成深圳市白领人士的减压和交友之家，刘小芸通过顾客留言本、调查问卷等多种形式征集顾客的意见，只要是合理的、可执行的，她都会尽力地去实现。

财富感悟

不久后，刘小芸在“唐朝行宫”的旁边再开了一家分店，生意依然火爆，两家店加起来，每月利润达到了十多万元。谈到成功的秘诀，刘小芸笑着说，把想象力加入生活，人人都可以改变自己的命运。

财富点拨

创办一家具有独特文化色彩的特色客栈，不同于一般的商务酒店或者民宿。在特色客栈的住宿设备上，在入住环境、装修装潢设计，以及服务形式上都要有自己的特色。当然，现在各个旅游景点也有了不错的特色客栈。例如本文中的“唐朝行宫”就属于特色客栈的一种。

三、“替人行孝”：赚的是孝心钱

财富话语

温馨服务，手有余香，这就是“替人行孝”的魅力所在。一个刚刚大学毕业的23岁女孩，用她独特的营销理念，仅用一年时间，就积累了十万元的财富，大学学会计专业的她，没有任何从商经验，那么她是如何产生这个创业奇想并取得成功的呢？

1. 帮忙，帮出来的事业

不久前，张名玉还是个普通精品店的小老板。她在湖南某大学门口租了一个不到十平方米的小门面，出售一些情侣饰品。虽然她每天都早出晚归，但生意一直不好。看着自己精心设计的小店冷冷清清的模样，张名玉欲哭无泪。

一个月后，房东告诉张名玉，房租还有半年到期，而当时张名玉的小店还是生意清淡，一天到晚没几个人来光顾。要是生意还没转机，可能就真的只能灰溜溜地关闭走人了。

一天，一个多年不见的朋友突然打电话给张名玉，说他父亲最近身体不好，而他自己工作太忙，根本抽不出时间去照顾。老同学还说，母亲去世得早，父亲含辛茹苦地把他拉扯大，本想好好地孝敬老父亲，可公司刚开张两个月，实在抽不出时间。说着说着，朋友忽然说：“名玉，好歹你也在湘潭，要不，你以我同学的名义，多给他打几个电话。”张名玉起先有些犹豫，但经不住老同学的劝，只好答应下来。

于是每天晚上，张名玉便以同学的身份和他的老父亲联系。得知他老父亲感冒后，张名玉特意买了一些水果到他家。张名玉说：“叔叔，你儿子实在抽不开身，委托我过来照顾你。还没吃饭吧，

我去给你做饭。”老人的眼睛顿时湿润了，他喃喃地说：“有他这片孝心，我的病也好了大半了。”他这样说的时候，脸上已经全是笑意。

当天晚上，朋友约了张名玉一起吃晚饭。他详细地问了问父亲现在的情况，在得知张名玉的处境后，朋友坚持给她500元钱。张名玉不好意思收。朋友说：“你再不收，就是看不起我这个朋友了。你知道吗，其实我们父子之间出现了隔阂，是你帮我们化解了矛盾，我感激你还来不及呢。”

这本来只是张名玉生活中的一个小插曲，但另外一件事，让张名玉确定了“替人行孝”也可以赚钱的想法。那是2016年1月，张名玉的小店里，来了一个十五六岁的小女孩。小女孩神情恍惚，逗留了两个小时，却什么都没买。

通过聊天，张名玉才知道，小女孩是跟家里闹翻了，一气之下离家出走了。小女孩郁闷地说：“我也不知道接下来去哪里，想回家，又不敢回。”今天是她母亲的生日，她想买份礼物，但又害怕正在气头上的母亲不要。

看着她楚楚可怜的样子，张名玉动了恻隐之心，她豪爽地说：“要不这样吧，我帮你把礼物送过去，你待在外面，要是你母亲想见你，我就把你叫进来。”小女孩高兴地点了点头，她除了购买礼物外，还额外支付了50元的感谢费。

那天下午，张名玉早早下了班，按照小女孩提供的地址，把礼物送到了，并告诉小女孩的母亲，她女儿已经知道自己错了，已经开始悔改了。小女孩的母亲还没等张名玉说完，就急匆匆地跑下楼，见到楼梯口的小女孩，一把将她搂在怀里说：“都是妈妈不好，都是妈妈的错，宝贝，你以后不要再离开我了。”

看着她们幸福的样子，张名玉觉得特别开心。那天晚上，张名玉特意把这两件事说给好朋友听，好朋友坚定地说：“‘替人行孝’赚钱，这个事可以做成事业，既利人，又利己，一举两得啊！”

财富感悟

女主人公一时闲来无事，却受到朋友委托，去替他们“尽孝”，也就是这两件替朋友“尽孝”的事，触发了女主人公“替人行孝”赚钱的念头。

2.敢想，敢做，“替人行孝”也能赚大钱

这个想法令张名玉十分兴奋，人一旦有某种成型的想法之后，就必须迅速投入行动。张名玉紧锣密鼓地准备了半个月，终于在2月份的一个清晨，打出了“替人行孝”的牌子。但是，效果出乎张名玉的意料，过往的人大都以异样的目光看着张名玉，更有甚者公开质疑：“你还是人吗，孝顺也可以找别人替代？”一个礼拜过去了，一桩生意都没有。

正在张名玉心灰意冷的时候，一个看起来很富有的中年人走进来说：“你真的可以替人行孝？”张名玉肯定地点了点头。中年人掏出1000元说：“我马上要出国考察了，这一去就要半个月，可是我父亲最近情绪很不正常，几次都想自杀。让我老婆一个人去照顾，我也不放心。这样吧，我委托你以我秘书的身份去劝劝我父亲，要是你能解开他的心结，这些钱就都是你的了。”

问清了中年人父亲家的地址，张名玉带着精心准备的一副对联，敲开了老人家的门……费了好多心思，张名玉终于解开了老人的心结。半个月后，在公园里，张名玉把一个快乐、健康的老人还给了中年人。这样，除去必要的开销，张名玉净赚了800元，这在平时可是张名玉半个月都赚不到的。

第一笔生意的成功，极大地坚定了张名玉的信心。为了扩大自己的影响，张名玉制作了一批宣传单，请了几个大学生在步步高广场、雨湖公园、基建营等几个人流密集的地方派发。在宣传单的封面上，张名玉写下“替人行孝，手留余香”八个字，里面还详细列举了成功的案例。

广告打出不久，张名玉又接了几单生意。到了清明节、五一节，张名玉的生意猛然火起来了，大部分是委托她扫墓、给父母道歉的；也有因工作太忙，没时间尽孝心，委托她短时间照顾老人的。在这个快节奏的社会里，人们整日为了生存忙碌，能陪父母的时间太少了。有的人是真的感觉自己做得不够，也有些人是因为各种矛盾或条件受限，而不能与父母在一起。所以，张名玉很幸运地成了那个沟通的使者。

张名玉的"替人行孝"价格从200元到1000元不等，春节那段时间是店里业务最繁忙的时候，也是张名玉的生意最好的时候。春节期间，替别人给父母送礼的就有12个，还有5个照顾父母的。从小年到大年初三，张名玉没有一刻闲着。其中有对父子因为财产问题闹僵了八年，大年三十的夜里，张名玉捧着买好的鲜花，在冰天雪地里替人站了好几个小时，老人才蹒跚地走出来，对张名玉说："我本来早就对那个逆子死心了，可你的这份执着打动了我，要是他也像你这么孝顺，我们也不会形同陌路八年。"

就这样，仅春节，张名玉就净赚了8000多元。由于张名玉店里挂出了"替人行孝"的牌子，上门的客人多了，店里的饰品生意也好起来了，有了这么美好的前程，张名玉下定决心，要将生意做大做强。

财富感悟

屡次尝到了"替人行孝"的甜头后，女主人公便有意识地扩大"业务范围"，她抓住节假日人们因忙碌无暇顾及老人的特点，去"替人行孝"。

3.温馨服务，手有余香

新年初，张名玉将附近的一家小门面也收购了，除了卖精品外，还增加了鲜花、食品等销售业务，"替人行孝"的业务范围也打算扩大了，同时改进服务方式。张名玉不再因为这个让人指指点点的生意而郁闷，她越来越明白她有偿为人服务的价值了，而且自己也乐在其中。

随着知名度的不断上升，张名玉在“替人行孝”的服务上也做了改进，坚持24小时服务。张名玉发现很多人，尤其是“90后”的年轻人，和父母有了矛盾后总是很乐意找张名玉去沟通，还把这当成了一种有效的交流媒介。

张名玉还总结了“替人行孝”的几种方法，比如，一定要把握好老年人的心理，挑他们最喜欢的礼物，这样和解矛盾的可能性大一点，然后，态度要诚恳，最后要主动帮老人打扫卫生、做饭，以赢得他们的理解。2017年2月1日，一位客人在接受张名玉的服务后提出了一个要求，“你和老人打交道这么有经验了，能不能编本小册子或者给我们上点课。”

当时张名玉正忙于一个业务，对这位客人提出的要求并没有在意，但当张名玉忙完事情后，觉得客人提出来的不仅是一个要求，如果按照这个思路去做，既可以进一步打开市场，还可以扩大自己的经营范围。

一日，张名玉做了一本《和父母沟通三十六计》的小册子，这本册子共30页，为了增加说服力，每一计都有详细的案例说明。

《和父母沟通三十六计》售价仅5元，一经推出，便受到了人们的青睐，很快销售一空。一周后，张名玉推出了《和父母沟通三十六计》的升级版，由30页变成了50页，增加了和子女沟通20计。

很多买过小册子的顾客都反映，这本册子很实在、有说服力。这话让张名玉听了十分高兴。

随着生意的日渐兴隆，张名玉的时间和精力就显得紧迫了，她雇了一名熟悉心理学的大学生来帮忙，此时，她的月收入已经达到了五位数。

在做这项业务时，张名玉也遭遇过不少白眼，有时还会遇到麻烦。一次，张名玉代表一位顾客与他那一心只想“啃嫩”的父亲和谈。刚进门，老人就拿了把菜刀出来，吼道：“我把他拉扯这么大，

他养我不是应该的吗？给点打牌钱，又怎么了。你是代表他来的吧？好，你让我砍两刀，我就不问他要钱了。”吓得张名玉真想夺门而逃，要不是老人的女儿及时拦住，张名玉都不知道自己是不是要进医院了。

“五一”节，张名玉代表一个女生给七八年没见的父母道歉。刚进门，她的父亲把张名玉的礼物狠狠地往外面一扔，说：“七八年了，电话都没一个，我都当她已经死了。”张名玉在老人家待了整整一个下午，不停地对他说，这些年他女儿所遭受的苦难，说到动情处，连张名玉自己都哭了。

晚上，泪眼婆娑的老人特意打电话来，感谢张名玉的帮助。

三天后，女生和父母一起来店里看张名玉，专程感谢张名玉解开了他们之间的疙瘩。看着他们幸福的样子，张名玉也觉得特别开心。

财富感悟

温馨服务，手有余香。一个刚刚毕业的23岁女孩，用她独特的营销理念，仅用1年时间，就积累了十万元财富，张名玉现在越来越喜欢这个“替人行孝”的事业了，她觉得不但实现了自己的创业梦想，而且最重要的是使许多支离破碎的两代人关系重新和好，在赚钱的同时，手上还能留有余香阵阵。

财富点拨

有报道，自从《老年人权益保障法》实施后，常州的赖先生，在自己的淘宝店里增加了代人看望父母的业务，但一直少有人问津。时隔近两个月后，令赖先生欣喜的是，这种“付费的亲情”终于出现了第一个买主。据店家称，这位远在深圳的买家璐璐(化名)，委托店家上门看望常州老家的父母，提供聊天、打扫卫生等服务，费用是350元。他这种“付费的亲情”业务类似于文中的“替人行孝”。

四、“开心幼儿园”：送给孩子们的快乐礼物

财富话语

老师平时可以多给幼儿讲讲幽默故事、机智故事、脑筋急转弯，等等，训练孩子思维的敏捷性，丰富孩子的词汇。老师在希望幼儿具有幽默感的同时，请别忘记幼儿的个性特点。有的孩子比较活泼，有的孩子比较内向，所表现出来的幽默形式也会有所不同，有的比较外露，有的比较含蓄。

1.原来开心也能赚钱

耿秀莲的爸爸是一家剧团的喜剧演员，说笑话是她爸爸的拿手好戏。也许是受到爸爸的影响，耿秀莲从小说起笑话来也特别在行，爱说笑话的喜好伴随着耿秀莲进入小学、中学和大学。

7月份，耿秀莲大学毕业后回到了江西鹰潭老家，由于耿秀莲在大学里学的是地理专业，所以在人才市场应聘时，总是找不到自己理想的职业，最后进入了一家房地产公司做销售业务。好在耿秀莲是个开朗而善于表达的人，耿秀莲在做房地产业务与客户打交道时，总能给客户留下很深的印象。即便是那些性格内向或者不好说话的客户，面对耿秀莲这样一位风趣幽默的业务员，也会被耿秀莲风趣的语言逗得合不拢嘴，谈话的气氛也轻松了。

有一回，耿秀莲遇到一位喜欢“这山望着那山高”的中年客户，这位中年客户看了耿秀莲给他的房产样本后，一时拿不定主意。耿秀莲揣摩了一下这位客户的心理活动后，便冷不丁地冒出了

一句笑话："从前有一个秃头的男人坐在理发店里，发型师问他：'有什么可以帮你吗？'那个人解释说：'我本来去做头发移植的，但实在太痛了。如果你能够让我的头发看起来像你的一样，而且没有任何痛苦，我将付给你5000美元。''没问题！'发型师说，然后他很快给自己剃了个光头。"

听了耿秀莲的笑话，那位中年客户放声大笑，笑过之后，他领悟到了其中的道理，立刻买下了一处房产。

由于耿秀莲善于揣摩对方的心理，并用风趣幽默的语言博得客户的欢心，使耿秀莲在三个月的时间里，就赢得了不下10单房产销售业务。为了表彰耿秀莲的业绩，公司的老总不仅给耿秀莲发红包奖励，还提升耿秀莲为业务部副经理。耿秀莲做了副经理之后，更加卖劲地投入房产的推销业务，运用自己的智慧和幽默进一步赢得了许多客户。与此同时，在耿秀莲的周围，不管是生意上的客户还是公司里的员工，大家都喜欢与耿秀莲交往，这使耿秀莲的人气指数日渐攀升。但耿秀莲的旺势直接威胁到了业务部经理，不久，耿秀莲被莫名其妙地炒了鱿鱼。

离开了房地产公司后，耿秀莲又重新奔往人才市场寻找工作，找来找去，还是找不到中意的工作。正在耿秀莲有些茫然之际，一位已经做了一家茶庄老板的中学女同学来耿秀莲家玩，想邀请耿秀莲到她的茶庄去客串，主要工作是向前来喝茶的客人说段子，以此吸引更多的顾客。这位姓秦的中学女同学恳切地说："我知道你满肚子的笑料，你只要每天到我的茶庄去客串8个小时，我每小时给你40元钱的酬劳费。"见老同学这么诚恳地邀请，而且又给予这么优厚的待遇，耿秀莲有些动心了，耿秀莲考虑了片刻后就答应了下来。

两天后，耿秀莲便来到了秦老板开的亲亲茶庄做客串。第一次走进茶庄，耿秀莲感觉这里的生意较冷清，200多平方米的茶庄里，只有六七张桌子坐着喝茶的人。秦老板把耿秀莲领到大厅正前方的一个事先准备好的讲台上.耿秀莲讲的第一个笑话是："有一天晚上，一位喝得烂醉的男人从香格里拉酒店走出来，他上了一辆出租车，马上对司机说了一声：'我上香格里拉酒店。'说完，便倒在座椅上呼呼入睡。这时，司机愣了一会儿，之后，忙推醒醉汉说：‘你现在已经在香格里拉了。’醉汉被推醒后，立刻掏钱递给司机，说：‘不用找了。’临下车时，他又关切地对司机说：‘以后开车别太快了，那样很危险的！’”耿秀莲的笑话一说完，场下爆发出了笑声、掌声。

由于茶庄增加了耿秀莲说笑话这一服务项目，一些听过耿秀莲讲笑话并从中感受到开心的顾客，一传十，十传百地把自己的亲朋好友纷纷领到茶庄来寻乐。没过多久，茶庄的生意因此而日渐兴旺，每天晚上几乎座无虚席。

秦老板见生意如此兴隆，她对耿秀莲这棵摇钱树很是感激，当月就给了耿秀莲4800元的额外酬劳。时间过了一年多，虽然耿秀莲在老同学的茶庄里干得很顺心，与秦老板相处得也很好，可是，耿秀莲总感到自己这样做，只是在为别人打工，耿秀莲不想一直寄人篱下地干下去。有一天，耿秀莲产生了打算自己当老板的念头。于是，耿秀莲毫不隐瞒地把自己的想法对秦老板说了，秦老板善解人意地接受了耿秀莲的辞职。

财富感悟

女主人公从小就喜爱幽默，正由于她具备幽默细胞，在她走进职场后，她的幽默给她带来了意想不到的财富和人气。

2.创办“开心幼儿园”

离开茶庄后，耿秀莲经过对市场的一番考察，很快就瞄准了一个项目：办一家“开心幼儿园”。

耿秀莲知道，现在私立幼儿园风起云涌，但耿秀莲发现每个家长把自己幼小的孩子送到幼儿园去，除了想增长他们的知识外，还希望能够在那儿获得快乐，让孩子健康成长。基于这种认识，耿秀莲决定发挥自己的特长，开一家独特的幼儿园，并取名为“开心幼儿园”。

三个月后，耿秀莲的“开心幼儿园”在闹市区正式开学。耿秀莲在幼儿园入学的招生简章上写着：“给你的孩子天天带来欢笑是耿秀莲追求的目标。”

招生简章贴出几个星期后，前来报名的家长只有五六个，如此少的生源，让耿秀莲始料不及。一位家长对耿秀莲说了实话：“现在周围的私立幼儿园挺多的，有些还是关系户。谁认识的人多，谁就拉得到生源。”

家长的话没有说错！虽然耿秀莲也很清楚私立幼儿园之间的竞争很激烈，但耿秀莲始终认为，自己创办的“开心幼儿园”，会以独特的面貌赢得更多家长的青睐。

尽管目前只有五六个孩子，耿秀莲仍然想以优质的服务来对待。

开学的第一堂课，耿秀莲给孩子们讲的第一个笑话，题目叫《谁是爸爸》。耿秀莲声情并茂地说，有个三岁的小弟弟问他爸爸：“为什么你是爸爸而我是儿子呢？”爸爸回答：“因为我比你高呀！”小弟弟点点头表示明白，但又问道：“爸爸，你不是说我会越长越高吗？如果我以后长得比你高了，是不是就该你叫我爸爸了？”

听了这个笑话后，一位名叫荣荣的小男孩马上问耿秀莲：“阿姨，那你说我将来长大了，我的爸爸，是不是也要叫我爸爸呢？”荣荣天真的问话，令在场的几位小朋友咯咯地笑了起来。

望着荣荣期盼的眼神，耿秀莲回答说：“笑话里的小弟弟，以后长得再大，他也还是爸爸的儿子，因为做爸爸不是以高矮来决定的.所以说，你将来长大了，即使到了80岁，也还是你爸爸的儿子。谁叫你比爸爸出生晚呢？”

荣荣似懂非懂地点点头。

接着，耿秀莲又给孩子们讲了《熊和兔子》的笑话：有一只熊和一只兔子在森林里大便，熊问兔子：“毛沾到大便无所谓吗？”兔子点点头说：“无所谓！”于是，熊就用兔子来擦屁股。

耿秀莲的笑话一说完，下面的孩子们咯咯笑了起来，很是开心……

第一天的课程，在快乐中结束了。

第二天，耿秀莲安排了脑筋急转弯的游戏课，耿秀莲想与孩子们进行互动式开心交流。耿秀莲首先向他们抛出了一个脑筋急转弯的题目，说："有一位小朋友，手里拿着鸡蛋丢石头，但鸡蛋没破，这是为什么？"

耿秀莲的问题提出来后，六个孩子都开动了脑筋，一个孩子眨了两下眼睛后，抢先举手说："老师，我知道，这个小朋友，丢鸡蛋时，没有砸到石头上，而是丢到了旁边的水里，所以鸡蛋没有破。"又一个小朋友马上纠正了他的说法："老师，他说的不对！是因为那个小朋友把鸡蛋丢到棉花里了。"随后，又有两位孩子争先恐后地抢着回答。

等所有的孩子答题完毕，耿秀莲才把谜底揭开："正确答案是，这位小朋友左手拿鸡蛋，右手丢石头，鸡蛋当然安然无恙了。"一听这样的结果，几个孩子拍着脑袋取笑自己笨。

随后，耿秀莲又给孩子们出了好几个脑筋急转弯的题目，每次都调动起了他们的大脑思维，而每次的答案都出乎孩子们的意料之外，让他们在遗憾中爆笑不已。

做完脑筋急转弯的游戏后，耿秀莲又抛出了绕口令的游戏，耿秀莲让孩子们一起连续性地念"吃葡萄不吐葡萄皮，不吃葡萄倒吐葡萄皮"。孩子们念快了，方寸大乱，引得大家笑作一团。

财富感悟

女主人公不满足于给人打工的生活，她辞职后，自己创办了一所特色幼儿园，把她的幽默才华注入了这一事业中，果然收到了预想的效果。

3. 把"开心"做成孩子们的乐园

在接下来的一个多月里，耿秀莲采用了电视录像播放笑话动漫、翻阅儿童笑话故事连环画齐头并进的方式，不断地向孩子们传

达快乐的信息。

从家长那儿反馈过来的信息，都说孩子很喜欢听耿秀莲讲笑话、故事，孩子回家后，还把笑话和故事转述给他们听，让家长也感受到了快乐。

时间过去两个月，“开心幼儿园”确实能给孩子带去开心的事传出后，远近的许多家长都慕名而来，他们三三两两地把自己的孩子送到了耿秀莲这儿。原先空荡荡的教室里，一下子挤得满满堂堂。耿秀莲的学生猛增到27名。

幼儿园的孩子多了，耿秀莲上课讲笑话的劲头更足了。

耿秀莲对孩子们讲笑话、讲故事，只是教学的一个方面；而另一方面，耿秀莲想发挥孩子们自己的潜能，让他们有表现的机会。为此，耿秀莲采用了让孩子自己讲笑话的方式。

一天上午，耿秀莲安排了两位小朋友上台讲笑话。一位名叫欣欣的小女孩，向同学们讲的是《妈妈当选》的笑话，她很富有表现力地说，一天下午，一对双胞胎兄弟放学回家，兴奋地告诉母亲：“妈妈，今天我们全班同学要选一位最美丽的妈妈，结果你当选了。”母亲很高兴，问怎么会当选的。双胞胎兄弟说：“同学们都投自己妈妈的票，我们有两票，所以你当选了！”

欣欣说完后，小男孩强强接着讲了《1＋1》的故事，他说，一天，老师问小明：“1＋1等于多少？”小明说：“不知道！”老师说：“回家问家长。”小明回家问爸爸，爸爸正在看股票，小明说：“爸爸1＋1等于多少？”“涨了涨了。”小明又问妈妈，妈妈正在看报纸说：“萨达姆。”小明又去问爷爷，爷爷正在唱歌说：“向前进！向前进！”小明又去问哥哥，哥哥正在吃冰糕说：“好爽啊！”小明又去问姐姐，姐姐正在约会说：“亲爱的，我们一起走吧！”第二天，老师问小明：“1＋1得几？”小明说：“涨了涨了！”老师生气地说：“谁告诉你的！”小明说：“萨达姆！”老师对小明说：“站后边去！”小明说：“向前进！向前进！”下课了，老师问小明：“滋味如何？”小明说：“好爽啊！”老师说：“到我办公室去！”小明说：“亲爱的，咱们一起走吧！”

两个孩子讲完自己选定的笑话和故事后，耿秀莲在肯定的同时，给予了表彰，还给每人发了一本儿童笑话书。手捧着奖品，他俩很自豪地看着鼓掌的同学们。

耿秀莲的“开心幼儿园”经营不到一年，但人气已经很旺了，许多家长都愿把自己的孩子送到耿秀莲这儿来。到第二年6月，耿秀莲的学生已增加到120多名。

最近，耿秀莲打算扩大幼儿园的规模。耿秀莲除了想扩展幼儿园的空间外，还准备再招聘一些有志于幼教事业且会说笑话的青年加盟。人人都需要快乐，尤其是成长中的孩子更需要快乐的童年。从这一点看，耿秀莲对“开心幼儿园”的未来充满着信心。

财富感悟

如今，私立幼儿园风起云涌，遍布城市的大街小巷，可见办幼儿园是一个有意义且有利可图的事业。如果能独辟蹊径地开一家以快乐为主题的幼儿园，将会以新奇的风貌展示在公众面前，就能吸引更多的生源。因为人人都需要快乐，尤其是成长中的孩子更需要快乐的童年。从这一点看，创办一家“开心幼儿园”的前景十分乐观。

财富点拨

创办一所小型的“开心幼儿园”，只要借租两室一厅带一个大院子的场所，大约70平方米，再购置一些桌椅板凳、黑板、各类儿童笑话书籍、茶水桶、粘贴画等物品，初期只需投资25000元左右，随着规模扩大，再相应扩大投资。这是内地中等城市的投资标准，只要经营管理得当，利润不会少。适宜在城市人口密集的居民区周围开办幼儿园，生源主要来自附近居民的孩子。

五、“同学吧”：怀旧怀出了财富

财富话语

如果说现在名目繁多的同学聚会是人们一种怀旧和回归心理表现的话，那么“同学吧”便是重温旧梦的乐园。本文的主人公乔雪沁正是看中了大好的市场，才选择这一投资项目。正如她当初的判断，“同学吧”开业后生意一直红红火火……

1.频繁同学聚会，在应酬中挖掘商机

如果你想寻找致富的门路，有时商机就在你身边，关键要看你会不会留心去发现。

乔雪沁从一所商贸学校毕业后，回到了家乡。她首先到人才市场去应聘，可找不到理想的工作。

一天，一位姓楚的中学女同学打来电话，让乔雪沁在周末的晚上，到海天酒家去参加同学聚会。参加中学同学聚会不久，由三位小学同学发起的“老同学”聚会又通知她去参加。“老同学”聚会结束半个月后，乔雪沁再一次接到了一位大学男同学的电话，说商贸系的同班同学过两天要搞一次毕业后的聚会。

几次同学聚会，让乔雪沁思考这样一个问题：既然眼下流行同学聚会，那么同学聚会就需要场所，如果能为同学聚会提供一处既“文气”又适合“重温旧梦”的良好环境，那肯定会提高“怀旧”的质量。乔雪沁首先想到了茶吧，这种场所很适合聊天畅谈，要是能开一家“同学吧”，只要策划得当，前景一定看好。

财富感悟

只要你成为一个有心人，你就会发现，商机就在你身边。

此段故事，女主人公参加了几次同学聚会后，就思考了这样一个问题：同学聚会需要适合的场所，而这个场所，就是获取财富的中心。

2.制造“怀旧气氛”，“同学吧”圆了新老同学的重温梦

有了开“同学吧”的想法后，乔雪沁开始着手筹措开办“同学吧”的资金，除了向亲朋好友借了一部分钱款外，还通过亲戚的关系从银行里贷了20万元钱。接下来，乔雪沁便开始选地方、申请注册茶吧的经营项目、购买所需物品、布置场所环境。

国庆节那天，乔雪沁的“同学吧”正式开业。在乔雪沁的“同学吧”里，有意识地设立了“小学厅”“中学厅”“大学厅”“研究生厅”和“老三届厅”，在每个不同的厅里，乔雪沁根据各个学历段人员的特点，对周边的环境进行了富有创意性的布置。如在“小学厅”中，乔雪沁把色彩斑斓的卡通图案粘贴在四面墙壁上，其用意是勾起聚会的同学对当年充满幻想生活的回忆，并播放欢快的少儿音乐；在“大学厅”里，周围环境的布置以绿色为基调，整个氛围透出一种青春的气息，音乐的播放也以青春动感的旋律为主；在“老三届厅”中，乔雪沁在墙面贴上一张毛主席接见红卫兵的画像、定做了一个“忠字”台、挂了几幅红卫兵袖标和几面小红旗，播放的音乐也是《大海航行靠舵手》和《东方红》等革命歌曲；在“中学厅”“研究生厅”，乔雪沁也按照这一学历段的特点，对环境进行了精心布置，也选择了合适的音乐。

“同学吧”每个包间每小时60元，提供统一的茶水、点心和水果盘。有需要其他特殊服务的，如选择一些有特色的茶叶、糕点和水果、酒水等，另外付费。

“同学吧”开业的第二天一大早，乔雪沁就接到了一位中年男人打来的电话，他说这个周末，准备组织一次下乡知青茶话会，想预订一个房间。一听是“老三届”同学的聚会，乔雪沁爽快地答应了他的要求，并问他是否需要其他特殊服务，中年男人了解了特殊

服务的内容后，当即提出了一些具体要求。

乔雪沁根据这批“老三届”都是下乡知青的特点，马上对现有“老三届厅”的墙面进行了重新布置。除了保留毛主席画像外，乔雪沁撤换了“忠字”台、红卫兵袖标和小红旗，增加了斗笠、蓑衣、扁担、锄头、马灯和犁耙等农具。在音乐的播放上，乔雪沁选择了几首当年“战天斗地”之类的革命歌曲，来烘托“农村广阔天地”的气氛。

周末来临，聚会的37名“老三届”知青到齐了，大家分别安排在“老三届厅”的三个包间里。大家身处在乔雪沁制造的“农村氛围”中，都有一种回到当年的感觉……

这次“老三届”知青聚会，乔雪沁安排的服务很到位，如她采购来高山新云雾茶；买来一些当地的土特产点心，像茄子干、豆角干、南瓜干、辣椒干和灯芯糕，以及冻米糖和炸地瓜片，等等；定购了一些印有“老三届”知青的旅游草帽作为赠送礼品。

为此，这批“老三届”同学在结束聚会买单时，他们除了交纳了720元的包间费外，还多付了188元的其他服务费。

为了能在短时间里拿到这些特色物品，乔雪沁一般事先与茶叶店、土特产品公司进行联系，以代销的方式采购了所需的物品。

成功接待“老三届”知青聚会后的第三天晚上，乔雪沁又接待了一群1980年代末毕业的中学同学。

正由于“同学吧”为各种不同年龄、不同经历的同学提供了“重温旧梦”的良好场所，在随后的日子里，每天打电话预订或前来包房间的同学聚会络绎不绝。

财富感悟

好的经营场所是吸引顾客前来消费的硬件指标，然而，有了好的场所，也需要有好的经营手段。故事中女主人公，在经营方式上，她根据同学聚会的不同特点，设立了“小学

厅”“中学厅”“大学厅”“研究生厅”和“老三届厅”，并在每个不同的厅里，根据各个学历段人员的特点，对周边的环境进行了富有创意性的布置，她的这种特殊布置，满足了不同消费者的需求，从而达到不同的服务目的。

3. 两条腿走路，“同学吧”外的财富也不放过

乔雪沁此前经营“同学吧”属于“守株待兔”，也就是被动地等待顾客来消费，后来，乔雪沁拓宽了经营途径，采取了主动出击的方式。

随着时间的推移，虽然乔雪沁的生意日渐兴旺，但她并不满足于现状。为了扩大客源，乔雪沁除了“等米下锅”外，还打算“找米下锅”。乔雪沁清楚地知道，要想让更多的同学来“同学吧”聚会，还有一种办法，就是主动与市内各大中小学校取得联系，从他们那儿了解各时期学生的情况，以便顺藤摸瓜地寻找“消费者”。

通过主动联系，乔雪沁成功地举办了某中学1986届同学聚会，这次聚会光包房费、其他特殊服务费、照片翻拍费，乔雪沁就纯赚了890元。

做成了第一笔“找米下锅”的生意后，乔雪沁便把目光盯在了下一个目标上。一天晚上，乔雪沁又给一位68届某小学毕业班的班长打电话，询问他有没有想搞同学聚会的打算，并希望他带领当年的同学到“同学吧”举办同学聚会。

在乔雪沁的热情劝说下，一个星期后，这位1968年小学毕业的“老同学”，领着十几名年过半百的同学踏进了“同学吧”。

两天之后，1979年高中毕业班的秦班长也带着几十名同学包下了“中学厅”。

为了活跃同学聚会的气氛，乔雪沁策划了一些猜谜语、脑筋急转弯、测字等中奖活动，并制定了中奖规则，即每猜中一个谜语或答对一个脑筋急转弯题，便奖励顾客一盘茶点，如猜错或答错三题的话，就罚顾客五元，这样做也叫奖罚分明。

热闹的聚会完毕后，有人高兴地说：“在你们这里参加同学聚会太有趣了，你们这儿的服务挺专业的。”

“找米下锅”与“等米下锅”齐头并进，这种两条腿走路的方式，无疑使“同学吧”的生意更加红火。

时光飞逝，乔雪沁的“同学吧”已经营了快四年，每月的收入都在12万元以上。她不仅还清了银行的全部贷款和亲朋好友的借款，而且已经积累了不少的财富。

如果说现在名目繁多的同学聚会，是人们一种怀旧和回归心理表现的话，那么乔雪沁的“同学吧”便是“交际场”和重温旧梦的乐园，也是乔雪沁积集人脉和创造财富的途径。

财富感悟

做成一个简单的“同学吧”，只要选择一处交通方便、大小合适的门面店，投资八九万元左右即可。随着规模扩大，可以相应地扩大投资。这是内地中等城市的投资标准，只要经营管理得当，利润不会少。“同学吧”适宜在城市里或学校周围开店；可与学校取得联系，以招徕顾客；也可以与一些音像店和照相馆合作，还可为同学聚会提供多种服务。

财富点拨

现在好像很流行同学聚会，十年聚、二十年聚、三十年聚、四十年聚，大学聚、高中聚、初中聚、小学聚，就差幼儿园也聚了。聚来聚去，就是把原来的一个班的同学召集起来叙叙旧，回忆一下曾经同学时的美好时光，感叹一下年轻时的幼稚和痴迷。对于同学的情谊，通过同学聚会似乎可以得到升华，原本不太熟悉的同学，在聚会后仿佛变得热闹起来。

“同学会所”或叫做“同学吧”，虽然是新近涌现出来的行业，却发展很快，而且已经成为了有利可图的商业行为。无论在什么地方，只要有学校，必然就有同学聚会，“同学会所”的客源任何时候都不用愁！因此其市场前景十分看好。

第七篇　生财有道

一、一个月十万元，你也能“玩”出来

财富话语

她虽然岁数不大，却是一个资深天文爱好者，为了能看到百年难遇的日全食，她不惜辞职，变卖心爱之物，只是为了能亲身一睹奇观。然而，就是这么一个被亲朋好友称为比男孩子还野的女孩，却从不停追逐星月的脚步中寻找到了商机，建立了一所天文俱乐部，既满足了自己的心愿，又能赚钱改变自己的命运。

1.追日，追出来的创业灵感

今年25岁的曾荃英是个活泼开朗，喜欢追求时尚的女孩。从湖南某师范大学毕业后，她来到了广州市，凭着出色的表现，很快加盟了一家外资公司，做业务销售。工作之余，曾荃英最大的爱好，就是和天文爱好者相互切磋。2009年是天文奇观年。曾荃英和她的伙伴们，对这一年的到来充满了期待。

转眼，到了这年的情人节，曾荃英去同在广州的姐姐曾莫英那里玩耍，正好遇到了姐姐的同事钟志龙。钟志龙是湖南省桃江人，在曾莫英的店里做事，性格开朗，喜欢旅游。两人一见钟情，很快陷入了热恋之中。

有爱的日子，时间总会流逝得很快。不久后，即将迎来一场视觉盛宴，届时地球、金星、火星将在东方低空近距离相遇，这天又恰逢农历二十八，一弯残月犹如镰刀，天空中的两个“弯月”会让观测者倍感神奇。曾荃英早就盘算好了，去衡山观赏。她和钟志龙说了自己的想法，两个人一拍即合。

一日，曾荃英向公司请了一周的探亲假，两个人带着望远镜、观测仪，登上了到衡山的汽车。在衡山玩了一周，两个人才意犹未尽地回到广州。

有了这么一次成功经验，曾荃英又将目光锁定在三个月后的日全食上，这可是几十年难遇一次的机会。曾荃英和她的天文发烧友们都在为之疯狂。她们约好一起在长沙集合，然后奔赴成都。

一日，曾荃英再次以父亲病重为由向公司请假。因为之前她请了一次探亲假，公司人事部谨慎地和曾荃英家人进行核实，证实并无此事。公司经理狠狠批评了曾荃英一顿，并打算派她去云南出差。

眼看自己即将与日全食擦肩而过，曾荃英又急又气，经过一夜思考，她决定辞职。为了筹集旅行经费，她把自己珍藏多年的一块瑞士手表低价贱卖了，把刚买的笔记本电脑也折价出卖了，但还差钱，曾荃英只好向姐姐曾莫英求助。当得知曾荃英辞职、借钱，只是为了去成都看日全食后，姐姐愤怒了：“你可真野啊！为了一个日全食，还跑那么远，连好好的工作都不要了。”父亲也打来电话，大骂她不孝，并责令她迅速回家。

但此时的曾荃英犹如上了弦的箭，决心已定。当日下午三点，曾荃英和男友钟志龙一起踏上了前往长沙的列车。来到长沙后，两个人吃了饭，打朋友们的电话，不是关机，就是停机。“这些人也真是，约好了在长沙集合，一个都联系不上。”曾荃英抱怨着。无

奈之下，曾荃英只得和男友上了去成都的列车，到达时已经是第二天了。因为旅途太过劳累，再加上心理压力太大。曾荃英病了，住进了医院，这一住就又是两天，有关日全食的消息，也只能在报纸上看到了。

从医院出来，曾荃英依然愁眉苦脸。男友钟志龙若有所思地说："这样来回奔波也不是办法，为什么不弄一个俱乐部，足不出户就能观看到各地的天文奇观呢……"曾荃英先是愣了一下，继而一拍大腿说："对，就是这么干。"

财富感悟

为了自己的天文爱好，她与男朋友一道远赴成都，去看日全食，男朋友的一席话，引发了她创办天文俱乐部的念头。

2.弥补遗憾：天文俱乐部横空出世

曾荃英打听到，在国内，北京和上海有两家天文馆。很快，她带着男友来到了上海。一到上海，两个人就扎进了天文馆。经过两天的仔细考察，曾荃英不仅接触到了许多先进的天文观测仪器，也弄清楚了天文馆的操作流程，而且在和参观者的交流中也更加坚定了她脑海里不停闪现的想法：天文也有大市场，绝对能受到都市人的喜爱和追捧。

一日，曾荃英用男友家里资助的钱，在广州火车站附近的一条巷子里租房子开了自己的天文俱乐部。这个地方，是她和男友反复考察定下来的，不仅租金便宜，而且人气也很旺盛。走进她的小店，立刻会被里面的布局所震惊。小店分两层，楼上是天文观象台，有一台望远镜，两台天文观测仪，一书架的天文书籍。楼下分三个小房间，一间天文景象展厅、一间投影室、一间交流室。装饰材料都是仿照上海天文馆设计的，如果不是地方太小，观众会以为进了国家级天文馆。

广州开了家民间天文俱乐部的消息迅速传播开来，第一天开业，小店里就人满为患。因为收费不贵，许多爱好天文的年轻人喜欢在下班后或者周末前来转转。考虑到南方很多人都没有看到完整的日全食过程，曾荃英动用了朋友的力量。她将朋友们传来的影像资料，找了一家专业摄像馆进行剪辑和整理，制作了一个完整的日全食视频，又在门口贴了一张全年天文观测指南。

生意就这样在意料之中一天天好了起来。一周后，将上演天王星冲日奇观，两天后，用望远镜能观察到4颗完整的著名的伽利略卫星。对于这个一月双喜的事情，曾荃英敏锐地捕捉到了其中的商机，为了确保能及时把本地观测不到的摄像资料传过来。一周后，曾荃英推出了“天文爱好者会员”制，一旦加入，会员们就可以把自己观测拍摄的视频传过来，收入按照三七分成。这对于全世界各地的骨灰级天文发烧友来说，确实是个天大的好消息。短短一周时间内，通过网络、短信报名的人数就超过了一千人，很多会员提出不要回报，对于他们来说，能把自己的视频给更多人的分享，已经是最大的快乐了。

曾荃英向都市年轻人打出了“好事成双”的广告：你为周末没地方去而烦恼吗？那么，请来天文俱乐部吧，在这里，你可以观看天文，制造浪漫。17日到23日，俱乐部推出一带一活动，你还犹豫什么呢？这样一宣传，有情侣的，就带情侣来，没情侣的带朋友，既体验了一把天文发烧友的感觉，又可以寻找属于自己的缘分。

今年26岁的扬帆，就是在这里找到自己的女友杨玉的，两个人都是天文爱好者，经常周末来这里转转，一来二去的，就谈起了恋爱。

随着生意的火爆，顾客的来源更广泛了，既有上至80岁的老人，也有小到3岁的孩子，曾荃英特意准备了一本意见簿，悬挂在交流室的墙壁上。意见簿上很快就有建议：能不能制作一些科普性

的宣传小册子，给孩子阅读。顾客的建议引起了曾荃英的注意，她联系厂家，赶制了一批天文科普知识图册，低价卖给顾客。因为图册内容充实，且图文并茂，一问世就受到了顾客的喜爱。很多家庭主妇，带着孩子来参观，离开时仍不忘记带一本。有个中年妇女反映，自从孩子来了一次后，天天缠着母亲教她学图册上的文字，还信心百倍地表示，要好好读书，将来当一名科学家。

一本小小的读物，能起到这么好的激励作用，曾荃英自然非常高兴。短短几个月，曾荃英就有了几十万元收入，去掉投资的钱，尽赚10万元。

曾荃英的父母听到女儿在广州开了一家店，生意很火爆，也耐不住好奇，在曾莫英的陪同下，也兴致勃勃地参观了天文俱乐部。当看到晚上十点后店里依然是人流如潮时，曾父不得不佩服女儿的经商头脑。看到父亲也认同了自己的事业，曾荃英不由感慨，这个天文俱乐部开对了。

一日，曾荃英的店里迎来了一位重要客人，乔治·泡森，泡森是美国塔夫斯大学的教授，也是一名资深天文专家。这次他特意带来了一台40厘米双筒折射望远镜，两箱子珍贵物品。第一箱为仿制文物和仪器，比如有丹容菱镜等高级仪器，清代漏壶、氢原子钟等，虽是仿品，但做得足能以假乱真；第二箱为中外天文学杰出人物的照片和近现代运用观测仪器所拍到的成果，比如人类历史上第一次拍摄到的太阳黑子照片，就弥足珍贵。

此时，距一年一度的狮子座流星雨爆发，只有两天时间了。曾荃英正在为缺少深度望远镜发愁，泡森教授的到来简直是雪中送炭。在曾荃英的盛情挽留下，泡森教授待了三天，也主讲了三场天文知识讲座。离开时，他伸出大拇指说：“一个小女子，就能办出这么高水平的天文馆，真令人惊讶，中国女人，很了不起！你好好做，明年我还要来中国，来广州看你。”

财富感悟

女主人公创办“天文俱乐部”后，从简单、小规模做起，再逐渐扩大经营范围，并且增加一些服务项目，吸引了不同年龄段的天文爱好者前来办卡。

3. 天文风暴旋出财富大舞台

随着双子座流星雨的到来，曾荃英的生意越来越好，人也越来越忙碌了。年底，曾荃英的家人和男友都只好来她店里帮忙。后来，曾荃英又租下了旁边原来卖鲜花的地方，增加了时间与人类、中外交流史两个展馆。

曾荃英此时已经不满足仅靠参观和展览来积累财富了。在经过一段时间的深思熟虑后，“荃英创意工作室”成立了，工作室专门以设计各种各样的天文产品为主。比如“狮子座双星兔”，小巧玲珑的情侣兔子上缀满流星雨的图案就令人爱不释手；“追日太阳帽”就是以曾经拍过的日环食为背景图案，既时尚，又实用，粉红色的“双月映日”抱枕，由于采用高质量棉絮所做，让人抱着它睡觉，既前卫，又耐用……上百种与天文奇观有关的天文产品吸引了许多顾客前来购买，有的顾客为了收齐全年一整套天文产品，甚至还不惜向其他顾客高价购买。

对于新年的日环食景观，曾荃英很早就拿出了自己的计划，她决心利用这次千载难逢的机会，组织一次大理追日行动，弥补去年的遗憾。为了提高人气，活动还设置了三个奖项，最高奖项是一架价值万元的天文望远镜。曾荃英的追日计划一公布，立刻受到了天文迷的追捧，短短一周内，报名人数就达到了一千人。曾荃英最终挑选了50人组团去大理茶马古道开展科普旅游及观测活动。为了让其他天文爱好者能够欣赏到这一天象奇观，所有的视频资料实时传到俱乐部的电脑上，进行同步直播。

随着曾荃英的不断努力，她的俱乐部每天都有精彩的内容，每天都有新成员加入。如今，她的俱乐部已经拥有员工十名，所创造的纯利润达到40万元。曾荃英兴奋地对男友说：“没想到，我这个比男孩子还野的女孩子竟然能把天文爱好转变成生产力，而且越做越大。我相信有一天，我的俱乐部能开遍中国的每一个城市，天文迷也将遍布大江南北。”

财富感悟

曾荃英的创业经历告诉我们，时尚文化中也蕴含着巨大商机。如今，人们的生活越来越富裕，在经济宽裕后，人们更多的是追求精神上的享受，而曾荃英正是利用天文奇观年为契机，巧妙地推出了天文俱乐部，满足了都市人好奇的心态，再加上头脑灵活，服务热情，讲究诚信，因而她的成功也就是必然的了。如果你能从时尚文化中像曾荃英这样找到商机，同样也能改变自己的命运。

财富点拨

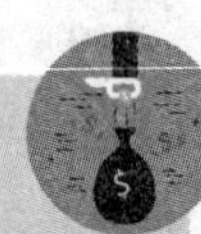

时代发展了，人们除了物质需求外，对精神生活也会有渴求，创办“天文俱乐部”正是顺应了时代的潮流，它能够满足不同年龄天文爱好者的精神需求。其实，创办这样一所俱乐部，只要满足以下条件就可以：① 选择一处能够看到天空的楼层门面房（主要用与观察天文气象）；② 配备齐全的天文仪器；③ 要投入一定的广告宣传，用以招徕顾客；④ 经营者最好是天文爱好者，这样能与顾客进行专业交流，激发顾客再次光临的兴趣。

二、商旅：边玩边赚钱，真爽

财富话语

你如果想把旅游与文字赚钱结合起来，可以开设一个网站和博客，在上面发表一些有经济价值的文章。做一名博客写手，也是一件很遐意的事。如今，有一些旅游博客写手通过亲身旅游，写出了能让人产生对旅游景点动心的文章，而作为写手本身也可以从中获取一定的经济利益，两者兼得。

1.游玩不忘“考察”

王玲是个喜好旅游的女孩子，读大学的四年里，每逢寒暑假，总是做个“背包族”云游四方。大学毕业后，王玲回到了家乡，应聘进了一家文化传播公司做文员，可游性不改的她，仍然利用节假日走南闯北。当然，走向社会这个大熔炉后，王玲读大学时的那种毫无杂念的“纯粹旅游”，已渐渐被“商旅”所取代。

“五一”假期来临，这是王玲工作后的第一个节假日。王玲打算再向单位请几天假，外出过一个长假。放假的前几天，王玲就筹划着在这一轮的大好时光该到哪里度过。经过反复权衡和比较，最终王玲把目光投注在深圳这个年轻的城市。王玲早在大学时就听同学介绍过，深圳除了有许许多多现代化的高楼大厦外，也有许多人文景观。对于那些“巧夺天工”的美景，王玲同样抱着浓厚的兴趣。说走就走！放假的第一天早晨，王玲携带着5000元钱，背起简单的行装坐上了开往深圳的列车，22个小时后，王玲踏上了“年轻的移民城市”的土地。同学没有说错，“年轻的移民城市”深圳给王玲的第一印象，不仅仅是高楼多和人文景观漂亮，这里的人生活节奏很快，人们走路的时速可以用秒来计算。

此次来深圳旅游，王玲不想只游逛一圈各处名胜景点后就打道

回府，她打算对深圳的商贸做一番考察。要知道，王玲现在已经是社会中人，有必要对市场经济做深入的了解，这样才跟得上时代的步伐。再说，如今信息可以“换取经济效益”，这是不争的事实。王玲想，何不尝试把这次旅游变成一种“商旅”？！也许能走出一条游玩与赚钱相结合的道路。

抱着这种心理，王玲在深圳的一处旅社住下来后，便迅速考察了深圳市的主要旅游景点，包括中国民俗文化村和锦绣中华微缩景区、世界之窗、香蜜湖度假村、青青世界……，王玲花了整整三天的时间把这些人文景观统统浏览个遍。

接下来的三天里，王玲准备对深圳大街小巷的商贸进行认真的“考察”。国贸商场、友谊城购物中心、国际电子电器城、万商电脑城、女人世界、男人世界，以及东门小商品市场都成为王玲考察的目标。王玲随身携带了一个笔记本，走到哪儿记到哪儿，活脱脱一个小学生认真求学的形象。

商贸旅游考察，除了看，还必须品尝美食。所谓“吃在深圳”，说的就是品尝的问题。在深圳，蛇餐馆随处可见，王玲这个生性怕蛇的女人竟然在这儿连眼也不眨一下地把蛇肉吃进肚子里，为的就是亲口尝尝蛇肉的滋味。蛇在深圳厨师的手里变成了五花八门的美味佳肴，王玲品尝后感叹道：蛇肉真好吃！

在考察过程中，王玲做梦也没想到，在深圳这样高度现代化的都市里，也有几家打着“农家饭”旗号的餐馆和酒家，而且这里的生意很红火，甚至可与那些标榜为三星级、四星级大酒店的美食相媲美。一天傍晚，王玲走进一家号称“超级农庄”的酒店，首先映入眼帘的是那一排排的土灶和一口口大大的铁锅。一位身穿打着补丁衣裳的“农家厨师”站在土灶前，手拿着几根木材正往那熊熊燃烧的灶膛口放。王玲好奇地走过去问“农家厨师”里面在烧什么，“农家厨师”笑着说，他正在用米汤煮芋头、萝卜，制做客人专门点的菜。说着，他打开木质锅盖让王玲看。刹那间，一股冒着热气的“芋艿香”扑鼻而来，王玲的“食欲”不由地被诱了出来。

在这家经济实惠的“超级农庄”，王玲品尝到了只有在家乡的农村才能吃上的大蒜辣椒炒油渣、青椒酸菜焖火培鱼、原味鸡子和煎豆腐。身处南方特区大城市，也能享受到浓郁的“农家气息”，那种滋味真是美妙极了！

王玲在深圳一共逗留了11天，带去的5000元钱也花得所剩无几了。虽然此番旅游几乎耗费了王玲一半的“私房钱”，但王玲想试着把这次花费在交通、旅馆里、景区内和餐馆的钱赚回来，她相信凭自己在深圳考察到的信息一定能赚钱！

财富感悟

一个背包族女大学生，想尝试一下边旅游边赚钱的滋味，深圳之行，她有意识地进行“市场调查”，收集到了大量的第一手商品信息。

2.旅游与赚钱相结合

回来后，王玲利用业余时间把自己在深圳十几天里的所见所闻写成了大大小小的游记和时尚文章，然后投稿给全国的各大报刊和网站。文章投出去后，其中有两篇“豆腐块”文章立刻有了反应，两家旅游报社很快寄来了样报，并且还收到了约稿信。又过了几天，王玲接到了北京一家杂志社的编辑打来的电话，他说王玲写的一篇4000多字的游记已被采用，让她多寄几张照片配文。这位编辑在电话告诉王玲，他们杂志的稿酬是每千字300元。一听这么高的稿费，王玲差点激动地跳起来，高呼“万岁”！更让王玲兴奋的是，自己的一篇题为《走进深圳“淑女街”》的文章竟然被上海的一家时尚杂志社采用，这本杂志是王玲自费订阅过好几年的钟情刊物，想不到自己的文章也将在此发表。获得了屡屡“战果”后，王玲写稿的劲头更足了！

两个月后，王玲因撰写有关深圳旅游和时尚内容的文章而收

到的稿费有600多元，而在杂志社里尚未结算的稿费，估算也有2000元。虽然这个数目只是王玲此次深圳之行所付出5000元的大约一半，但给予王玲的鼓励却是极大的！

在以后的时日里，王玲的好事接踵而至。在一个双休日，王玲参加了中学同学的一次聚会。在这次聚会上，一位在乡下做了几年水产品生意发了财的姓焦的同学想到城里来发展，可他始终找不到好的项目投资。当这位同学向王玲吐露他的苦恼时，王玲猛然想起了在深圳那家“超级农庄”所看到的一切。于是，王玲把在“超级农庄”的感受向他述说了一遍。末了，王玲对他说：“你也可以在城里开一家乡土风味的餐馆，我相信一定会有很多顾客的！现在城里的人吃惯了山珍海味和‘洋大餐’，他们也想换换口味。我看，如果你开这样的特色餐馆，成本会比一般人低很多，因为你的有些食料来源是现成的。”听完王玲的话，姓焦的同学马上高兴地说：“你这话有道理！这个项目可以考虑。”几天后，姓焦的同学打电话告诉王玲，他决定采纳王玲的意见，着手开一家乡土风味的餐馆，他想让王玲为餐馆取个名字。这事对王玲来说没什么难处，经过两天的认真琢磨，最后取名为“老土餐厅”。当王玲把餐厅的名字告诉姓焦的同学时，他连连说：“好极了！好极了！就用这个名字。”

两个月后，“老土餐厅”在湖西大道正式开张营业。中学的同学这天都来为焦同学的餐厅开业助兴。在庆贺之际，已是“焦老板”的同学把王玲拉到一边，他高兴地掏出3000元钱塞给王玲说：“这是你的策划费。”对于这笔意外之财，王玲说什么也不肯接受。可焦老板有点不高兴了：“这是你应得的辛劳费！如果你不要的话，那就是看不起我们乡下人！”说着，他强行把钱塞到王玲的手上。拿着第一笔策划费，王玲的心里久久不能平静！做梦也想不到，自己只是把在深圳旅游时所掌握到的信息提供给别人，却轻而易举地获得了这么丰厚的信息费。

初次尝到了把深圳带回的信息换取经济效益的甜头后，王玲更加感觉到“旅游与赚钱”完全可以很好地结合在一起。

财富感悟

女主人公从深圳回来后，把市场调查得来的第一手商业信息，转化成了文字，并且收到了一定的经济效益，让她尝到了“商旅”的甜头。

3.再次体验“商旅”

通过这次深圳之行的实践，王玲打算把以后的每一次旅游都有意识地做成“商旅”。国庆节迫近，王玲又开始谋划出行时如何成为“有心人”。这回出行的地点选在浙江省绍兴市。连中学生都知道，绍兴乃是鲁迅的故乡，那儿是“盛产”民间故事的地方。在鲁迅的笔下，这个“东方威尼斯水乡”因有“孔乙己”和“阿Q”两位富于悲喜剧色彩的传奇人物而声名远扬。

王玲到达绍兴是10月1日下午2点左右。刚一安顿下来，她就像在深圳旅游一样，首先集中二三天的时间把这个城市的名牌景点考察一遍。王玲走在绍兴安昌的明清老街上，看到那脚下古老的石板路、错落有致的翻轩骑楼、富有传统特色的店铺作坊，还有那姿态各异的拱桥石梁和古老凝重的台门，无不透出古朴典雅的水乡特色。在之后的两天里，王玲对三味书屋、咸亨酒店、百草园、沈园、鲁迅纪念馆和秋瑾纪念碑等景点进行了观瞻。

游完了名牌景点，王玲开始把注意力转移到绍兴的商贸方面。早就耳闻绍兴老酒名扬四海，而且有关绍兴酒的故事，在当地流传很广，比如“女儿红”和“状元红”的来历就在百姓中成为佳话。此行，王玲想了解绍兴老酒这个“名牌产品”在商业运作方面的事。于是，王玲走了一家又一家店铺，从不同的品种、不同的价格、不同的包装和不同的销售情况做深入的考察。不仅如此，为了全面掌握绍兴老酒的产供销一条龙的具体运作情况，王玲还专程坐中巴车前往两家酒厂进行实地考察。在考察过程中，王玲因此结识了一些商界人士，为日后的“牵线搭桥”打下了基础。

在绍兴，除了人所皆知的绍兴酒之外，贡瓜、霉干菜、腐乳和绍兴麻鸭也是这里的特产。王玲对这些有着地方特色的产品抱有浓厚的兴趣，对它们同样进行了产供销的全面考察。

10月6日傍晚，王玲结束了此次绍兴“商旅”，带着满意而归的心情踏上了返程的列车。一回到家，王玲余兴未尽地提笔把此行的所见所闻撰写出来，又准备“卖文”赚回消费在旅途上的投资。由于有了前次深圳之行与各报刊社的编辑结下的友谊，这回，王玲的稿件一写完就直接投给了这些编辑。投稿很快有了回音，采用率高达80%。这样一来，王玲所付出的费用在很短的时间里就有了回报。

不仅如此，因王玲的一篇介绍绍兴腐乳制作工艺和销售过程的文章在本地报纸发表后，产生了一定的效果。一天，一位做豆腐乳生意的人读了王玲的这篇文章后，“慕名”找到了她，详细地了解了绍兴人是如何把腐乳生意做大的。王玲把自己所考察到的产供销情况向他全盘托出。一个多月后的一天傍晚，这位生意人给王玲送来了800元的酬劳费。他说，现在他按“绍兴的模式”也办了一个豆腐乳作坊，生意挺红火的！

得到这笔“信息费”没过几天，又有中学同学带来一位新朋友光临王玲家，这位开食品店的新朋友是从报纸上看了王玲写的有关介绍绍兴老酒的文章，他正准备进一批绍兴老酒，所以想来了解具体的情况。王玲当即把各类绍兴老酒向他一五一十地做了介绍，并且还把王玲在绍兴接触过的一位酒厂老板推荐给了他。半个月后，这位新朋友再次光临王玲家，感谢王玲推荐了那位酒厂的厂长，使他进到了价廉物美的产品。随后，他给了1000元的酬劳费。

屡屡获得了“信息费”，更增添了王玲对旅游与赚钱相结合的兴趣！经过深圳和绍兴“商旅”的切身体验，在以后的几次节假日旅游中，王玲都如法炮制地把旅游和赚钱捆绑在一起，每次都能收到很好的效果。

财富感悟

绍兴之旅，更加激发了女主人公的“商旅”积极性。她从“商旅”中既欣赏了美景，又品尝了美食，还赚到了钱，这样大大地减轻了旅游的经济负担，最起码能赚回“成本”；开阔了自己的视野，能够对所游玩的城市和景区从历史、文化到经济有个全面的了解；锻炼了自己对“市场经济社会”的适应能力。

财富点拨

如果你是写作爱好者，而且特别喜欢旅游，可以尝试着在旅游中有意识地收集素材，然后把沿途的所见所闻写成旅游文章，之后，再把这些旅游文章向国内外的旅游类、综合时尚类、消费指南类、国家地理类等报刊杂志或者门户网站投稿，文章发表后，你就可以赚取一定数额的稿费。这样一来，你花费在旅途上的钱就可以赚回来。这种一举两得的事，何乐而不为呢？故事中的主人公尝试把旅游与赚钱相结合，顺应了这一潮流。

三、自拍照相馆：我的美丽我做主

财富话语

自拍照相馆是近年来非常受欢迎的照相馆，在这里，人们可以任意拍照，摆出自己喜欢的姿势，选择自己喜欢的衣服与

主题，没有摄影师，一切都靠自己去布局，既满足了人们自助拍照的乐趣，又给了人们一个私密的拍照空间。那么，自拍照相馆是如何创造财富商机的呢？

1.手握遥控器边玩边拍

在一座大厦里，有家名为“爱咔嚓”的专业自拍照相馆，全都是专业的相机、灯光、影棚，与传统影楼不同的是，这里没有摄影师，顾客自己就是自己的摄影师，拍照更自由、随性。自拍照相馆喊出的口号是：“摆脱传统影楼的假面装和僵硬的POSE，让拍照回归自然”。

这一新颖的拍照模式一经推出，便受到年轻一族的欢迎。这家自拍照相馆开业第三个月，就通过做团购实现了盈利。

自拍照相馆最大的特色就是影棚里没有了专业摄影师，顾客自己拍自己。那么自拍是如何实现的呢？据“爱咔嚓”自拍照相馆合伙人之一姜玉欣介绍，自拍有一套专业自拍软件，可以实现立拍立显。具体拍摄时，会给顾客一个遥控器，遥控器可以控制相机快门，360° 随便拍。拍摄时，先对着前方的镜子摆出自己喜欢的姿势，然后对着相机镜头做表情，接着按动快门，墙上的高清大屏幕回放系统就会显示出刚才拍的照片，如不满意可以删除，满意的话则可保留，然后继续拍摄。

据了解，影棚使用的相机是专业的佳能单反相机，灯光也是专业影视灯光。影棚的背景开始以纯色背景为主，像粉色、咖啡色都是比较受欢迎的背景。后来照相馆借鉴传统影楼的做法，开始做一些主题背景：有怀旧背景，像“好好学习，天天向上”；有比较梦幻的背景，像飞屋环游；有时尚背景，像韩国便利贴背景等。目前“爱咔嚓”有两个专业影棚，每个影棚有6种背景可供选择。

自拍照相馆免费提供道具和服装。道具包括一些充气气球、仿真吉他、麦克风、毛绒玩具、发饰以及搞怪眼镜等；服装则主要提供一些平常大家很少有的，像婚纱、旗袍、小礼服、情侣档的海魂衫等。化妆品方面，由于自拍照相馆的口号就是摆脱传统影楼的假面装和僵硬的POSE，让拍照回归自然，因此，只提供简单的化妆品。

据介绍，这种立拍立显形成于欧洲国家，在2011年逐渐形成个性、随意的自拍风潮，在一年内遍布五大洲，深受追求个性的年轻人的青睐。2012年自拍照相馆首次进入中国。

这种自拍和前几年曾经流行的大头贴有何不同？姜玉欣介绍说，传统大头贴当年也是以自拍为主，与其相比，自拍照相馆的场地更大，拍摄无论是灯光还是相机都更专业。和传统的婚纱摄影以及写真摄影相比，自拍出来的效果以及质感都是一样的，关键区别在于自拍崇尚的是自然、自由，可以边拍边玩，可以带很多人来一起自拍，可以深沉、搞怪、端庄、唯美、卖萌等随便什么样的风格，影棚内没有陌生人和摄影师，顾客可以淋漓尽致地发挥，表现最真实的自己。

“爱咔嚓”自拍照相馆瞄准的目标消费群体主要包括大学生、部分高中生以及一些刚上班的白领人士。开业以来，主要来拍的是女生、情侣以及一家三口，年龄大都在35岁以下。一些男生喜欢COSPLAY（角色扮演），穿上动漫服装来拍，自拍的男女生比例大概在3：7。目前，来自拍的主要有两种风格：一种是聚会卖萌、搞怪；还有一种是情侣档，关起门来拍一些自己喜欢的照片。还有很多闺蜜来拍闺蜜写真。

财富感悟

自拍照相馆突破了传统照相馆的操作方式，为拍照人提供了时尚而自由的拍摄方式，深受年轻人的喜爱。

2.外地拍照受启发

姜玉欣介绍，他们几个合伙人本身就喜欢拍照，经常爱装扮些小文艺的东西。开自拍照相馆之前就经常去传统的写真工作室拍写真。

一次姜玉欣去外地玩的时候，到当地一家照相馆拍照，偶然发现了自拍照相馆这种拍照模式。姜玉欣说：“目前市场上有很多婚纱影楼，还有很多摄影工作室可以拍写真，但是像自拍照相馆这样自己给自己拍照的经营模式还是头一次见，非常新颖。”于是几个人就想到自己开家自拍照相馆。

经过调查，他们虽然知道当时市场已经有一家自拍照相馆了，但还是非常看好这个项目，便着手前期选址、设备研究等工作。

决定开自拍照相馆后，姜玉欣他们对选址的要求非常明确：一定要交通便利，乘地铁可以方便到达。

目前“爱咔嚓”自拍照相馆所在的北京航南大厦，地处海淀区北四环，地铁10号线与13号线都到达这里。小区距离两个地铁口大概5分钟的距离。这里还有包括689路、626路等多条公交线路经过，交通非常便利，而且，航南大厦里面进驻了不少公司办公。

紧邻航南大厦所在小区南侧就是一所大学的南校门，附近还有几所大学，小区周边有包括几家大厦在内的多家写字楼。

“我们去年10月份开业以来效果一直很好。目前周一时人少一些，周五、周六、周日时人比较多。平日每天大约有5组左右来拍，周六、日每天有七八组。”

至于今后再开自拍照相馆的话，姜玉欣认为可以考虑在商业区，在那些以年轻人为主要消费群体的商场或者商场周边，让年轻人看完电影逛完街吃完饭后，还可以有地方继续消费娱乐——自拍。

财富感悟

开一家自拍照相馆，选址很重要，这关系到客源的问题，所以一定要选择交通便利，乘地铁可以方便到达的地点，也要考虑营业的时间，以方便上班的年轻人光顾。

3.线上线下活动一起上

对于线上推广，微博是必不可少的渠道，“爱咔嚓”自拍照相馆现在已经有1700多名微博粉丝。据介绍，现在很多顾客都是通过微博知道“爱咔嚓”自拍照相馆，然后来拍照的。在团购网上推出团购，也是线上推广方式之一。此外，一些年轻人喜欢的网站，比如人人网、豆瓣网等也是“爱咔嚓”自拍照相馆进行推广的平台。

线下推广则主要靠活动。刚开始时“爱咔嚓”自拍照相馆也曾经到周边大学去散发传单，但是由于各种传单泛滥，因此发放的效果并不好。于是他们开始调整，转而寻求和大学的合作。周边大学的迎新晚会、校园辩论大赛等都由“爱咔嚓”自拍照相馆进行赞助。像某大学过女生节，“爱咔嚓”自拍照相馆带着设备过去，把相机架在那里，让女生们自拍，拍完立刻打印出来，贴在宣传栏上。此举既赞助了学校的活动，也同时推广了自拍照相馆。

财富感悟

随着人们的拍照选择越来越多样化，摄影市场也不断涌现出新的商机。拿起老相册，谁都能在自家的影集里面找到一些过去的黑白老照片，通常，那都是全家在某个有纪念意义的日子里，特隆重地到照相馆拍的；后来，家庭或者个人有了相机，照相更方便了；再后来，出现了专门的婚纱摄影、写真摄影；现在有了自拍照相馆，能方便自主地拍出美照了。

财富点拨

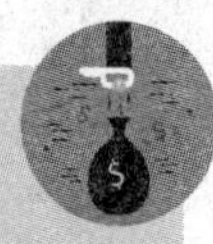

近些年，婚纱和写真摄影又发展出外景地拍摄模式，现在又涌现了自拍照相馆。“爱咔嚓”自拍照相馆的收费模式采用的是类似KTV模式，即按照小时来收费。周一到周五晚上6点以前是178元/小时，6点以后是198元/小时；周六、日以及节假日218元/小时。收费时间之内，不管拍300张还是500张，照片都是顾客的，顾客可以复制走，或者请照相馆刻盘。照相馆还备有专门的彩色打印机来打印照片，不过，打印是另外收费的，6寸照片2元一张，10寸照片10元一张。

四、在卫生间里也能做广告

财富话语

想想你在排队的时候，想想你在咖啡厅等人的时候，想想你在上厕所的时候，是不是即使附近有个广告你都会一字不落地读完？所以我们会看到超市收银台附近的货物架，会看到咖啡厅的广告杂志，也就不难理解“亮角落”公司为什么在洗手间做广告了。

1.发现卫生间的商机

一天，上官凯俊和几个朋友在一家常去的火锅店里聚餐，中途上了一趟卫生间。小便池上方贴有一幅描述兔子登月的搞笑漫画，从他们第一次光顾这家店开始，这幅漫画就没挪过位置，让他每次进卫生间都感到很亲切。算下来，这幅漫画他已经看了整整半年，却还是觉得很有意思，连上厕所都变得不那么无聊了。这次，上官凯俊又认真地将漫画看了一遍，看着看着，脑里忽然灵光一闪——在厕所里做广告说不定有市场！他兴冲冲地回到座位，问几个朋友："你们看到卫生间里挂的是什么吗？"朋友们纷纷点头，其中一个说："不就是一幅兔子登月的漫画吗？挺搞笑的。"

上官凯俊接着问："如果把漫画换成广告，你们看不看？"朋友们说："看，当然会看啊。"讲到这，他们的话就多了。大家都觉得上厕所时很无聊，只要能打发时间，不管什么他们都愿意看，甚至连墙壁上的缝隙都能成为他们的研究对象。

上官凯俊更加确信，在卫生间做广告可行。他当即找到火锅店的老板，他问老板："你们卫生间里的漫画怎么都不换啊？"店老板一拍脑袋："哎哟，这幅漫画已经挂了一年时间，确实该换了。"上官凯俊趁机说道："由我给你换行不行，并且免费、定期地帮你换，怎么样？"店老板觉得他的提议有点不可思议，但转念一想，自己不用费心换画，又可以节省费用，不是一举两得吗？当即答应了。就在这一刻，上官凯俊立下了利用卫生间创番事业的决心。

这年3月，上官凯俊瞒着父母辞去了银行的稳定工作，成立了一家名为"亮角落"的广告传媒有限公司。虽然卫生间难登大雅之堂，但他并不想让自己的广告也难登大雅之堂，他要做的是有品味、有水准的广告，所以，他首先去寻找适合做广告的卫生间。

当初几个一起吃火锅的朋友万万没有想到，一个无意间的笑话，上官凯俊却当了真。他们认为广告行业竞争太激烈，而他又不了解这个行当，纷纷劝他三思而后行，但上官凯俊还是风风火火地干了起来。短短的四个月时间，他就把北京地图上各个区域的餐饮酒店、写字楼、超市的卫生间位置标示了出来，算下来总共有38000多个。

虽然合适的卫生间找了几万个，可广告客户却迟迟不登门，这让原本信心十足的上官凯俊开始忐忑起来。就在这时，一个家纺生产商打来电话，希望"亮角落"公司帮他们投放一个月的广告，上官凯俊从这单生意里看到了希望。

财富感悟

男主人公是个有心人，他竟然在上厕所时发现这个角落里可以做广告，于是，他开始留心本市的餐饮酒店、写字楼、超市的卫生间，经过统计，约有3万多家，这可是大有“钱途”的场所。

2.把广告做到卫生间去

就在立志涉足广告业的第四个月，上官凯俊终于将自己为那家家纺公司精心设计的广告牌挂进了那家火锅店的卫生间里，同时也挂进了北京1800多家合作单位的卫生间里。

家纺广告很快就产生了商业效应，很多商家闻讯也找上官凯俊做广告。然而，上门的客户虽不少，但公司却没有赚到钱。原来，上官凯俊一直认为在卫生间里做广告很简单，无非把牌子往墙上一挂就可以了，但业务多了以后他才明白，广告运营并不是件简单的事情，而是一门大有学问的行业，他在这个行业里只能算是门外汉，怎么经营广告才能挣钱呢?

正当上官凯俊愁眉不展的时候，一个叫孙宇轩的年轻人忽然打电话给他，约他见面谈谈。晚上，上官凯俊如约而至，两人相谈甚欢。上官凯俊这才知道孙宇轩是个颇有名气的广告人，年纪轻轻就坐到了广告公司副总的位置，年薪过百万，他这次约自己见面，是想加入“亮角落”公司，和自己一起创业。这么优秀的职业广告人，为什么想加入自己刚创办不久的小公司呢?上官凯俊很是疑惑。孙宇轩坦然告诉他，自己也是无意间在一个公厕里看到了“亮角落”投放的广告，觉得这种广告方式商机无限，所以就根据广告上面的电话找到了他。

面对孙宇轩的合作请求，上官凯俊并没有马上接受。他觉得公司还没有开始赢利，只怕请不起孙宇轩，但公司目前确实又很缺孙宇轩这样的人才，专业人士的加入将会使公司如鱼得水，从而快速发展。思来想去，他还是拨通了孙宇轩的电话，邀请他以股东的身份和自己一起奋斗。

孙宇轩的加入，果然给“亮角落”公司带来了新的力量与发展。两个年轻人分工协作，各展所长，“亮角落”公司的业绩得到了快速增长，整个公司为此士气大增。

一天，上官凯俊和孙宇轩正在开会，一个员工进来汇报说三星集团打来电话，希望“亮角落”公司为他们的厨卫石材做推广。事业刚刚起步就迎来一个大客户，上官凯俊有点不敢相信，迅速派人去对方提供的地址了解详情。签单员工回来后，上官凯俊才知道三星集团旗下确实有三星石材这个产品，而且他们要求投放的广告要覆盖整个北京城。这张巨额的单子让“亮角落”公司上上下下兴奋异常，大家相信，只要和三星集团合作成功，“亮角落”公司的知名度将大大提升。

为此，上官凯俊和孙宇轩兴高采烈地调集了所有的广告牌，力求将广告做到最好。然而，一切准备工作已经就绪了，韩国总部报批的宣传报告却迟迟没有得到批准，上官凯俊有些不安：难道三星集团担心把广告投放在卫生间里会影响品牌形象?

两个多月过去了，韩国方面仍然音讯全无，上官凯俊的心也越揪越紧。就在他以为合作无望准备放弃的时候，广告合同终于批下来了，公司上下惊喜不已。很快，几万块精心设计的广告牌挂在了北京市各个大楼的厕所里，仅仅过了一天，三星石材的热线电话就此起彼伏，“亮角落”公司的电话也响个不停。

财富感悟

在厕所里给客户做广告，这一别出心裁的设想，很快落实到位，主人公接到了一个跨国集团在厕所里做广告的业务并取得了成效。这给主人公继续把这一项目做下去，带来了信心。

3.把卫生间的财富做大做强

正当整个公司为三星石材广告的成功而欢欣鼓舞时，上官凯俊接到了三星中国分公司经理的电话，他怀疑地说：“你不是找了许多托给我们公司打电话吧？”原来，三星石材已经进入中国好几年了，虽然做过不少广告，可与三星手机和电视机相比，知道的人寥寥无几，而“亮角落”公司的广告投放后咨询电话不断，这让他们不得不怀疑广告效果的真实性。

虽然上官凯俊做了很多解释，但对方就是不相信广告的效果会这么好，上官凯俊于是建议他们再观察一阵子，看看销售结果如何。果然，随着一个个客户的来电，三星石材的销售合同也一单单地签成。实实在在的合同让三星石材的负责人如梦初醒，他们终于明白，是“亮角落”公司的宣传起到了惊人的效果。当下，三星石材决定和“亮角落”公司签下长期合同。

与三星石材的成功合作让“亮角落”公司名声大振，一个又一个名牌产品先后找上门来。整个中国除了西宁之外，所有省会城市和重要城市的卫生间里都有“亮角落”公司的广告，“亮角落”公司实现年利润1000万元以上。现在，“亮角落”公司已经成为国内最大的卫生间广告媒体网络，越来越多的人了解了“亮角落”公司，也理解了卫生间文化。

财富感悟

在生存如烧钱的媒体广告行业，要在短短的时间里就实现赢利，并不断发展壮大自己的事业，这是很不容易的，可文中的主人公做到了。其实，财富无处不在，尤其在我们容易忽略或者根本瞧不上的地方，也许就蕴藏着财富，有一双慧眼，有一颗匠心，就能发现商机并挖掘出宝藏。

财富点拨

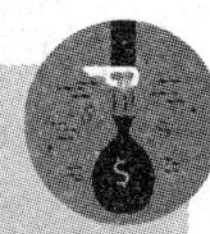

一项统计显示，平均每个人每天在洗手间里至少有15分钟时间“干瞪眼”，面对白板一块的卫生间墙壁，确实有些无聊。“亮角落”公司正是致力于创建这个无聊文化的一个媒介机构，他们的广告位置十分巧妙，正对眼帘，让人不得不看。虽然在国内卫生间广告刚开始不久，但其摄取关注力的效应正在显现。据一家专门经营卫生间广告的广告公司调查表明：“如厕者会在入厕后30秒至3分钟内精神完全集中，而且一定能记住广告内容”。因此卫生间广告是针对目标而发动的有效宣传攻势。“媒体存在的意义不是它在哪里，而是它是否能带来有价值的广告效果”，这句话是广告和非广告人都认可的定理。卫生间广告正是这句经典语句的完美体现。

五、“卖炭翁”环保竹炭赚大钱

财富话语

目前市场上的竹炭产品很受欢迎，竹炭制品店已经成为环保加盟店中新亮点，受到投资者的青睐。如果你选择这个项目创业，一定能为你创造出意想不到的财富。

1.“卖炭翁”大做环保文章

国庆节那天，樊爱花的“卖炭翁”竹炭店开张了。从没有做过生意的她，四处筹借到几万元钱，盘下了这间15平方米的临街铺位。三年多来，虽然周围不少竹炭店铺开了又关，但这家不太起眼

的小铺却一直坚持了下来，并拥有了800多名会员，每月的利润还达到6000多元。

樊爱花的竹炭店是本市第一家。当时，樊爱花有一位亲戚在其他城市经营竹炭店，经营得不错，让她动心。在亲戚的帮忙下，樊爱花的小店很快就开了起来。但樊爱花却对自己经营的竹炭产品没有多少信心：那时整个广东地区几乎没有经营竹炭产品的店铺，消费者对竹炭产品知之甚少。

竹炭用途很广，比如竹炭可以吸潮、除味，还可以吸附装修后的甲醛等有害气体，而且竹炭中还有天然的红外线，对人体健康非常有帮助。这些都是竹炭产品的卖点，但顾客往往都不了解。为了宣传竹炭知识，樊爱花制作过宣传牌竖立在店门口，还在小店中空出了一块墙壁，悬挂上介绍竹炭产品的知识资料。为了更方便顾客了解竹炭，她还托朋友从台北带回来专门介绍竹炭的书籍，摆放在店中供人翻阅。樊爱花回忆说，开始的半年里是最艰难的，主要就是人们不了解竹炭。通过宣传推广，店里的生意逐渐有了起色。

樊爱花记得一天上午，有位女顾客来购买竹炭鞋垫。当时那个女顾客选购了一双鞋垫以后，马上就在店铺里脱鞋试穿上，还把鞋里的旧鞋垫顺手扔掉了。原来这个顾客以前在日本工作的时候就使用过竹炭产品，效果很好。

那一次，不仅让樊爱花做成了一单生意，更重要的是她还通过这个顾客了解到了很多竹炭在国外销售的情况。这也让刚刚开店几个月的樊爱花对自己的选择更有信心了。樊爱花说：“随着人们对于竹炭产品的了解，店里的生意开始好转。以前常常一个顾客进来，我要解释上一个小时。但现在很少有这种情况了。”

这间小店经营了三年多了，15平方米的店铺中一直没有大的变动，唯一的改变是店铺变得更拥挤了。樊爱花说：“最开始的竹炭产品只有30多种，而现在已经有100多种。”小到手机挂件、鼠标垫，大到竹炭被、竹炭席，小店里被布置得满满当当的。

三年过去了，竹炭产品逐渐为普通老百姓所知，市场上的竞争对手也越来越多。不过，樊爱花却对自己的产品非常自信，虽然

“卖炭翁”竹炭店的竹炭产品价格可以高出同行至少30%左右，但顾客用过之后就会了解产品的效果确实不一样。

现在，樊爱花的店铺中销售最好的产品就是竹炭包和与炭包相关联的产品。炭包主要用于家庭吸潮除味，尤其对于装修后的甲醛等有害气体的吸收特别有效。她店中的炭包有8元到58元等几种规格，一个月最多时候能卖出1000多包，占据店中八成左右的生意。

财富感悟

主人公经过市场调查，开了家“卖炭翁”竹炭店，她打出环保的牌子，受到了许多顾客的青睐，为此，在与同行的竞争，她的销售额始终遥遥领先。

2.亲自试用，精选品牌，诚心经营

从一开始的30多种产品，到现在的逾百种产品。樊爱花说，基本每件产品她都试用过，只有这样才能更了解产品的性能，给顾客介绍起来也更有说服力。而且，樊爱花信奉“做生意要够诚心”。在讲解产品功效的时候要实在，不能随便夸大产品的效果。

“经营竹炭，关键是要选择品牌。”樊爱花表示。樊爱花介绍说，竹炭表面上都一样，黑黑的不起眼，但其中的学问并不简单。从选料、晾晒到烧制的整个炭化过程都非常有讲究。竹炭的烧制必须在密闭无氧的环境中进行，而且不同用途的竹炭对烧制温度的要求也不同。普通炭包的烧制温度至少要达到400 ~ 500℃，而如果是做枕头等的内容物，烧制温度则在1000℃以上。如果竹炭的炭化过程不严格，效果就会大打折扣。现在很多号称竹炭的产品是用木炭代替的，很难有好效果，所以一定要选择有质量保证的品牌，而且，有名气的品牌也方便经营，有不少客户是主动找上门来购买品牌产品的。

财富感悟

“经营竹炭，关键是要选择品牌。”这是女主人公经过一段时间的经销得出的成功经验。也正因为如此，她进购的产品受到顾客的喜爱。

3.小成本，赚大钱

“卖炭翁”竹炭店的产品并不能随便砍价，但是如果一次性购买超过200元，可以享受会员价格，有八折到九折的优惠。樊爱花说，她的这间小店到现在已经登记在册的会员有800多人，其中又有近500人是比较稳定的顾客，现在有90%以上的顾客都是回头客。

不过，樊爱花对于自己曾经的经营也有些遗憾。她说：“我挺喜欢一些邮购公司的经营方式，他们会定期给会员邮寄产品目录，告诉顾客有什么新产品，是否有适合他们的。但是我以前登记会员的时候，没有注意收集他们的通信地址等信息，很多会员只能等他们回来买东西，而不能主动把我的新产品推荐给他们。现在，我已经开始注意整理这方面的信息了。”

樊爱花的小店铺开在广州市中山一路的杨箕村附近，这个地段并不是非常热闹，对此，樊爱花说，竹炭产品的消费群体从二十多岁到五六十岁都有，其中女性稍微多一些。开这样一家店铺，并不一定要在非常热闹的地段。她曾经和别人在北京路步行街设置了一个联营柜台，但销售情况并不好，反倒是这间并不在繁华地区的小店每个月都能有2万多元的销售额。樊爱花计划到天河北开店，主要看好那里是白领聚集的地区，但她认为这样一个十几平方米到二十平方米左右的店铺，租金不能超过5000元，否则就很容易亏本。

财富感悟

开这么一家竹炭制品店的投资不大，主要就是店面租金，装修费用、员工工资和流动资金几大块，店面可租十几平方米即可，员工聘用一名，总投资计5万元左右，就能够有不少的可观收入。

财富点拨

竹炭制品专卖店经营产品多种多样，主打的是竹炭制品，有竹炭枕头、竹炭鞋塞、竹炭床垫、竹炭挂饰、竹炭揽匙等近50种商品，其中仅竹炭就有颈椎枕、电视枕、旅游枕等多个品种。开一家竹炭制品专卖店是一个很不错的商机信息！那么，你是不是应该好好地把握这样的一个商机呢？在市场上多多关注关于竹炭制品专卖店的商机吧！相信你一定能够找得到这样的商业机遇！